売春島

高木瑞穂

「最後の桃源郷」渡鹿野島ルポ

彩図社

渡船場から"売春島"への直線距離は
約五〇〇メートル

渡し船でやってきた人たち

かつて島の顔役として君臨した大型ホテル『つたや』

娼婦たちが歩く夜のメインストリート（〇九年）

置屋以外にも居酒屋や
カラオケスナックなどが（〇三年）

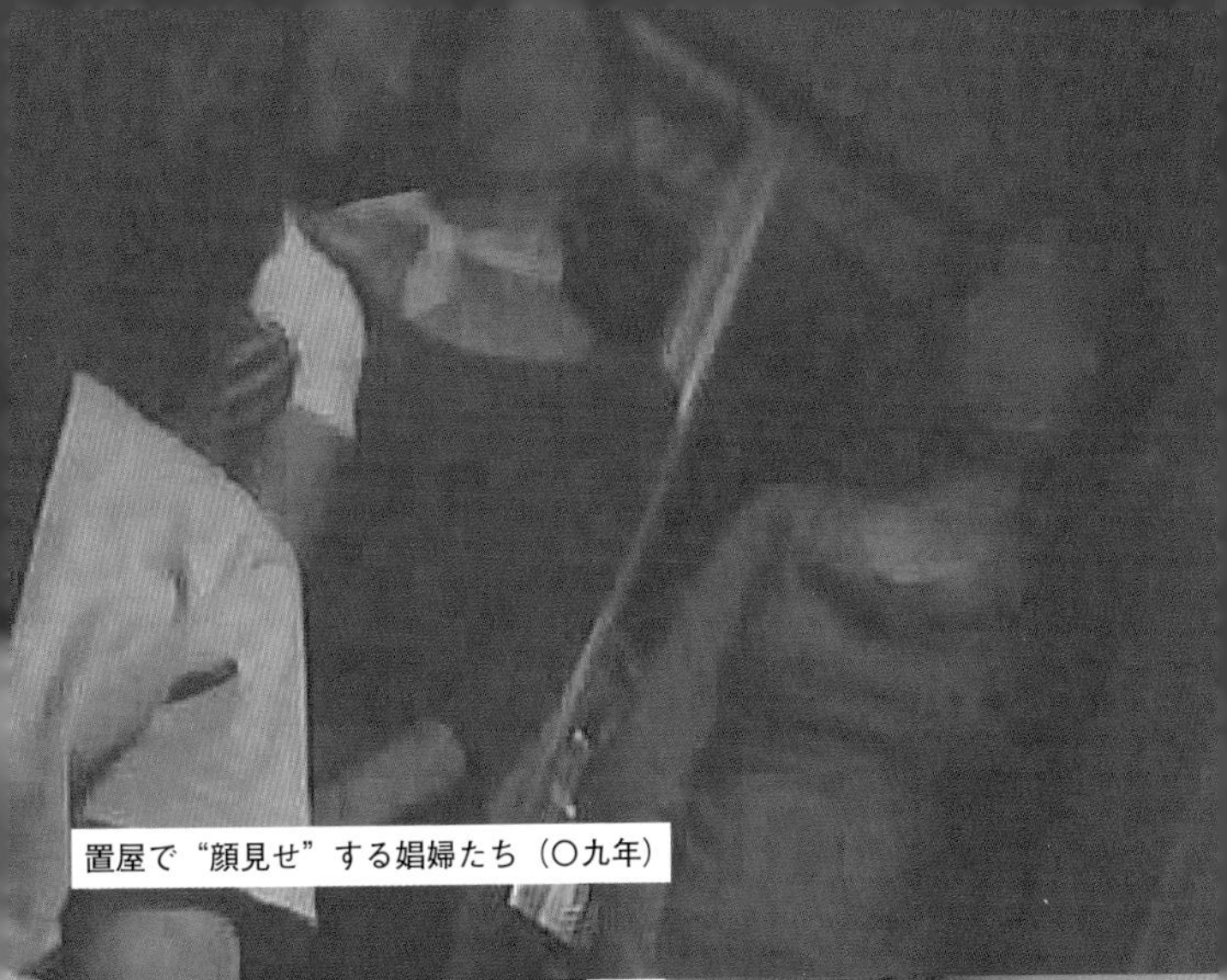

置屋で“顔見せ”する娼婦たち（〇九年）

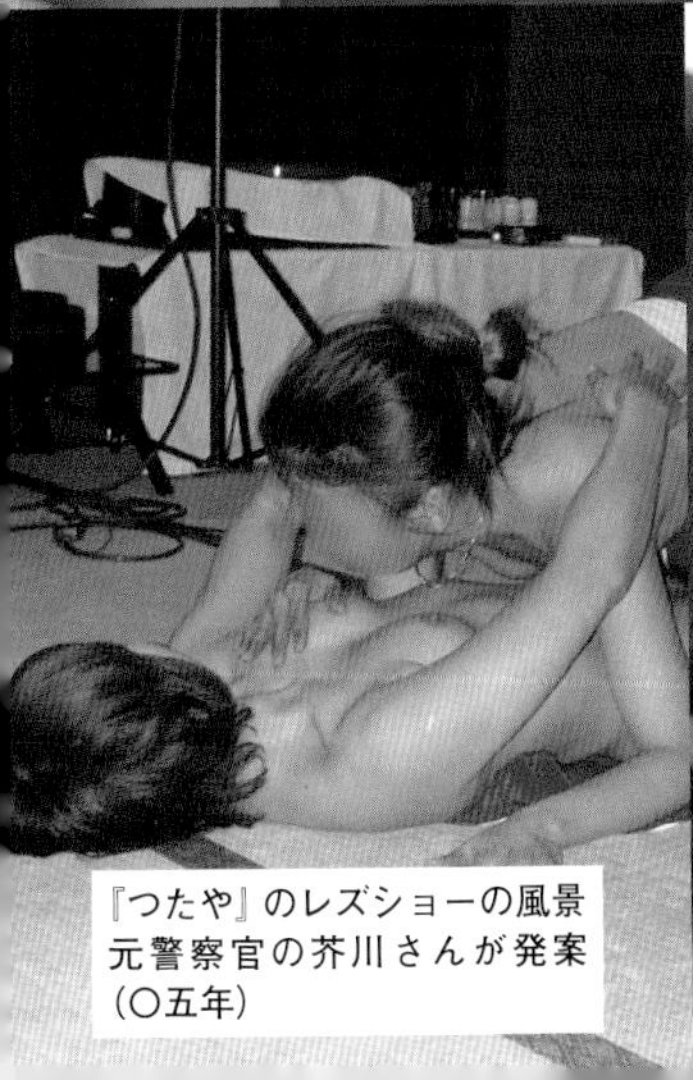

『つたや』のレズショーの風景
元警察官の芥川さんが発案
（〇五年）

好みのコンパニオンを買える
“売春島”の宴会システム（〇五年）

娼婦たちが暮らしたアパート。廊下を中心に四畳半ほどの小部屋が並ぶ

部屋は共同風呂とトイレが別に設えられた簡素な造り。
ゴミや雑貨類が放置されるなど当時の生活感が漂っていた

スナックを装った置屋『青い鳥』

『パラダイス』奥の小部屋。裏カジノ営業の備品である無線機やレートを記したプレートなどが残されていた

プロローグ

〝売春島《ばいしゅんじま》〟――。三重県志摩市東部の入り組んだ的矢湾に浮かぶ、人口わずか二〇〇人ほどの離島、周囲約七キロの小さな渡鹿野島《わたかのじま》を、人はそう呼ぶ。島内のあちこちにパブやスナックを隠れ蓑にした〝置屋〟と呼ばれる売春斡旋所が立ち並び、島民全ての生活が売春で成り立っているとされる、現代ニッポンの桃源郷だ。

これまで時々、取材者が訪れ、この島の内情をリポートしてきた。ネット社会の昨今では、その情報が更新され、今やこの島のシステムや現状は誰もが知るところになっている。

名古屋から近鉄志摩線に乗って鵜方《うがた》駅で下車。ここから車で一五分ほど走ると渡鹿野渡船場が見えてくる。ポンポン船（小型船）に乗り継ぎ、ものの三分もすれば渡鹿野島だ。

島内には、実際に女と対面して選んで遊べる置屋が立ち並ぶ。そして、それ以外の民宿、ホテル、喫茶店、居酒屋などでも女を紹介してくれるのである。

だが、それらは客目線の域を出ず、あくまでこの島の表層部分を見聞きしたに過ぎない。

「〝売春島〟というヤバい島がある」と。

そして、その〝ヤバさ〟は、こんな噂からきているのである。

・警察や取材者を遠ざけるため、客はみな監視されている
・写真や動画を撮ることは許されない
・島から泳いで逃げた売春婦がいる
・内偵調査に訪れた警察官が、懐柔されて置屋のマスターになった
・売春の実態を調べていた女性ライターが失踪した

これらの話は、インターネット上や口コミでまことしやかに囁かれているものだ。いずれも完全な検証はされていない。

だが、誰かが創作した小説の中の話でもない。事実、このうちいくつかは実際に起きた事件が元ネタだ。〝売春島〟は実在する。しかも、古くからこの島では公然と売春が行われ、それは今も続いているのである。

しかし、いくら公然と言っても、当局との軋轢を避けるため、おいそれと来訪者たちに内情を打ち明けるわけにはいかない。そう、だからこうしたタブーが仄めくのだ。

その〝売春島〟が、今、消えようとしている――。

長きにわたって売春産業を続けてきたこの島で、いったい何が起っているのか。
本書では、〝売春島〟が凋落した全貌と、いまだ知られざる噂の真相を検証していく。それは、この島に魅せられた僕が、歴史の生き証人たちを訪ね歩きそして、本音で語り合う旅でもあった。

ルポライター　高木瑞穂

売春島
「最後の桃源郷」渡鹿野島ルポ

目次

渡鹿野島の位置

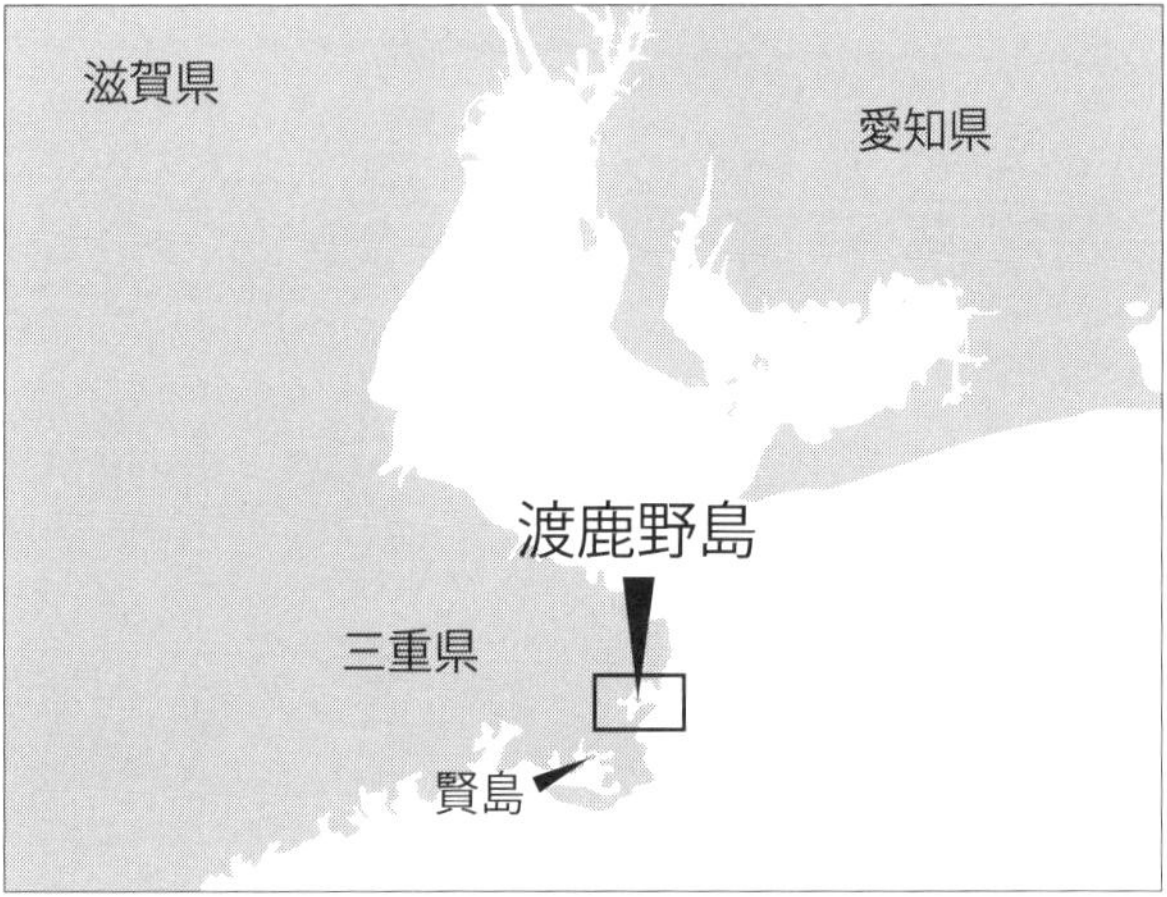
滋賀県
愛知県
渡鹿野島
三重県
賢島

的矢湾
渡鹿野島
志摩
スペイン村
三ヶ所地区
渡鹿野渡船場
志摩市
鵜方駅
【拡大図】

第一章　脱出するには泳ぐしかなかった

〈底知れぬ海が放つ無言の圧力で、心が押し潰されそうだった。

夕陽が水面を照らす。波はいつものように穏やかだ。

あたりに人の気配はない。よし、今だ。やるなら今しかない。

服を着たままだと、海水の重みで動きづらくなると聞いたことがある。服を脱ぎ捨て、下着姿になった私は、青黒い海に飛び込んだ。海底の感触がない。慌てて手足を動かした。見つかったらまた連れ戻されてしまう。それだけを恐れて必死に泳いだ。何度も海水を飲んだ。しょっぱいし、苦しい。

もう後戻りはできない。何が何でも陸にたどり着かなきゃ。

クロールに疲れたら平泳ぎに。体力が回復したらまたクロール。幸い誰も追いかけてくる気配はなかった。漁船も通らない。しかし私が感じていたのは、溺れて死ぬかもしれないという、人生で初めての死への恐怖だ。

生きたい。死にたくない。

どれほど時間が過ぎただろう。足が地面に着いたときは、もう全身の感覚がなかった。

私は隠れるように首まで海に浸りながら、友達の迎えを待った。

しばらくしてバイクと車の爆音が聞こえた。私は助かった――。

一ヶ月前――。

「メグミ、今から旅行に行かへんか」

地元（愛知県）の居酒屋でナンパされて付き合った彼氏の武井（仮名）に誘われこの島に来たのは、七月の暑い日だった。三重県志摩市、ワタカノシマ。初めて聞く名前の島だった。『N』旅館に入り、美味しい料理を食べているさなか、彼は「ちょっと待って」と言い残したきり帰って来ない。二〇分後、部屋に入ってきた女将さんが言った。

「アンタ、今、二〇〇万で売られたから」

わけも分からずその場でへたり込んだ。

そう、私は売られた、大好きだった彼氏に騙されて。これから毎日、私はここでカラダを売って二〇〇万を返済しないといけないらしい。女将さんは言った。

「ショート二万、ロング四万。ショートは六〇分。ロングは泊まりで夜一一時から朝七時まで。半分はあなたのものだから」

二〇〇万返すには、ロング二万を一〇〇日。冗談じゃない。助けを呼ぶにも、島には公衆電話も見当たらない。もちろん携帯電話なんて持ってない。誰かが警察に捜索願いを出さない限り、私はここで売春するしかないのだ。自発的に働きに来ているコは島の外に出られるけど、借金がある私に自由はない。船着き場は、いかにもヤクザ風の男たち二人に見張られていた。私と同じ手口でホストに売られて来たコは、「ウチは騙されてない。すぐに迎えに来てくれる」と、ずっと嗚咽していた。泣いたってしょうがないのに。

しかし許せないのは、女将さんではなくあの野郎だ。優しく近づき私を売った武井。二〇〇万も、私が作った借金じゃないのに。

船がダメなら泳いで逃げるしかない――。

めぼしい場所は人影のないここしかない。地図上では対岸まで五〇〇メートル。プールでしか泳いだことがないけれど、水泳は少しだけ自信がある。泳げる。絶対に泳いでみせる。

外部との連絡手段がないここで、旅館の二階廊下の隠れたところに、一台だけピンクの電話を見つけたことが引き金となった。私は思わず暴走族をやってる男友達に電話した〉

これは、一九九五年八月一五日、当時一七才だった少女が〝売春島〟から泳いで逃げた回顧録である。

「『渡鹿野島から泳いで逃げて来ました』という女性から会社に電話があった。『これは凄いネタだ！』と思って、その日のうちに女性の元へと飛んだんだ」

渡鹿野島とは、三重県志摩市にある小さな有人離島のこと。通称〝売春島〟から命からがら泳いで逃げて来たという少女にテレビ関係者の知人、青木雅彦（仮名）氏が東海地方の某所に会いに行ったのは、二〇〇〇年二月のことだった。

「会うまでは半信半疑だったけど、聞けば実際に〝売春島〟で働いたことがないと分からないような話だった。第一印象？　容姿は良かったよ。このコが売春していたら『人気が出るだろう』ってレベルの。でもフッーというよりは、少しヤンキーというか風俗に染まってる感じのコ。彼女は一人でやって来た。最寄り駅で待ち合わせ、雪道を歩いて近場の居酒屋に入ったのを、今でも鮮明に覚えている」

青木氏が取材した当時、週刊誌の記者やライターによる売春島の体験ルポは流布していたが、こと内部の人間による告白記事は皆無に等しかった。後に少女は雑誌やテレビなど複数の媒体で取材を受けている。単なる謝礼目的じゃない。その特異な体験談を「誰かに聞いてもらいたい」という欲求からだろうと青木氏は懐古する。

かくいう僕も当時、ある雑誌に掲載されたその特異な体験談に衝撃を受けた一人だった。〝泳いで逃げた〟という告白は、後にも先にも彼女だけだろう。

この手の告白は通常、「匿名で」と素性を隠したがるところ、メグミは珍しく「本名で載せてほしい」と懇願したという。果たして海を泳いで逃げるなんてことが可能なのか。そんな誰もが抱く疑念を払拭しようと、メグミが実名に拘ったのは、それほど真実だと訴えたかったということだろう。

当時一七才だったメグミは、中学生時代から暴走族と付き合いがある、いわゆるヤンキーだった。父親が家を出て行き、母親が新しい男を連れ込み、そしてその男がメグミにまで手を出してきた。そんな壮絶な家庭環境のなか、テレクラ売春や窃盗でカネを作り、クスリの味を覚え、警察のお世話にもなっていたという。グレた青春時代を送っていたようだ。

そんなおり、一七才の春、メグミは武井と出会った。サザンの桑田に似たヤサ男。無職だがタイプな武井に、ひと目で母性本能をくすぐられた。

一緒にいるだけで安らぎを覚えた武井との青春は、三ヶ月後、激しい憎悪へと変わった。大好きだった男に、カネと引き換えに売られたのだ。

来る日も来る日も男に買われる日々。追いつめられたメグミは、前述のように、ついに島からの脱出を決行したのである。着の身着のまま旅館を抜け出し、客引きのオッサンの前を平然を装い素通りし、あらかじめ探していた人気のないポイントへ。決死の覚悟で海に飛び込んだのだ。

メグミの告白から想起されるのは、凶暴凶悪なこの島の内情だ。彼氏に騙され、ホストに売られ……魑魅魍魎たちが蠢く実態が浮かび上がる。

女を口八丁手八丁で島へと誘い、カネと引き換えに売り飛ばす。待っているのは軟禁状態で宴会に駆り出され、オヤジたち相手にカラダを売る日々。借金が終わるまでは島の外には絶対に出られない。

しかし、幼い頃から親との軋轢に悩まされていたメグミは、女将さんのことを「本当のお母さんのような存在になりつつあった」と言った。島に来て一ヶ月ほど経った八月七日、メグミは一八才の誕生日を迎えた。女将さんはショートケーキとプレゼントの指輪で細やかにお祝いしてくれた。友達にも、親にも祝ってもらったことなど久しくなかったのに。単純に嬉しかったメグミは、このときばかりは「ここにいるのも悪くないな」と真剣に考えたという。

しかも、女将さんから本当の親のような愛情に触れたメグミは、脱走劇を演じたにも拘らず数年後、自ら女将さんに電話をかけ、「メグミちゃん、元気？　最近不景気で困っているのよ。いつでも戻ってきていいから」と再び優しさに触れると、またあの海を「渡ってしまうかもしれない」と思ったと吐露している。

この告白からは、死ぬ想いをしてまで泳いで逃げた一方、この島で過ごした日々への愛着も捨てきれずにいた複雑な想いが伝わってくる。確かに騙されてこの島に来たが、住めば都ということか。恨み辛みは武井に向けられているだけで、女将さんや〝売春島〟に対してのものではないのだ。

　むろん、先人たちの潜入ルポでは浮かび上がらなかった島の暗部も見えてきた。アメをぶら下げられメグミが抱いた女将への愛情の反面、メグミたちにカラダを売らせるムチの手口だ。青木氏が言う。

「彼女が暮らした旅館の雑魚寝部屋には、彼女の後にも騙されて売られた『外出不許可』のコが何人かやってきた。島の中は自由に出歩けるが、渡し船に乗って対岸の陸地に行くことは許されない。もっとも、島の中では自由といっても、一人で出歩けばすぐに客引きのオジさんたちが声をかけてくる」

　なるほど、常に監視されているようなのである。ヘンな気は起こすなよ、と。

「また時々、行商のオバちゃんが、洋服やバッグを売りに来るらしい。借金が減ると、それを女将が執拗に薦めてくる。本物か、はたまたニセモノか、島では使い道がない三〇万円もするシャネルのバッグをツケで買うように仕向けられるそう」

　こうして新たな借金を背負わせられる。いつまでもいさせようというハラなのだろうか。

　果たして、一日に何人の客を取れば完済できるのか。終わりなき日常を打開しようと、メグミは、紙に書いて返済額を計算し、目標を持って働くことにしたという。

　しかし、何度計算しても、紙はいつの間にか無くなってしまう。誰かが見つけて捨ててしまうのだった。

「旅館の中には宴会部屋、雑魚寝部屋、食堂、客室以外に、入出禁止の部屋があった。女将さんがサイコロを持ってウロウロしているのを見たことがあるらしく、多分、その秘密の部屋で賭博をしていただろう、と。しばらくすればサイコロ博打に誘われ、また借金が増えるような仕組みになっていたらしい」

そういう青木氏による取材を裏付けるように、この島の置屋は断続的に警察当局により摘発されていた。置屋とは、小さなスナックのような飲み屋を装った売春宿のこと。そして過去の報道記事から見えてきた、その置屋を舞台とした管理売春の実態――。

その件数の多さからは、公然と春が売られていたことが窺い知れる。

ここに、〝売春島〟を舞台にした主な事件を列挙したい。

一九九一年五月　中日新聞

愛知県警少年課と名古屋・中、南署は三重県志摩郡磯部町渡鹿野島の置屋で、家出した女子中学生A子さん（一五）とB子さん（一八）に売春させたとして、置屋にA子さんを紹介した男二人（二一、四八）を職業安定法違反（有害業務の斡旋）の疑いで、置屋経営者の女（四七）を売春防止法違反（売春契約）の疑いでそれぞれ逮捕した。手配師の男二人は、家出少女二人をシンナーで誘い、置屋経営者の女に紹介、謝礼として現金数十万円を受け取った。

一九九二年二月　朝日新聞

三重県志摩郡磯部町渡鹿野島のスナックで働いていたフィリピン人女性三人が昨年一一月、「カラオケの仕事をすると聞いて来たのに、売春をさせられた」と、愛知県内の市民団体に保護を求め、島を脱出した。三人は、月給として二〇万円が支払われていた。島では軟禁状態に置かれ、まだタイ人を中心に数十人の外国人女性がいる、と話している。

一九九八年五月　北國新聞

金沢中署は、金沢市内で知り合った少女（一九）を、売春させることを知りながら三重県志摩郡磯部町渡鹿野島の置屋「峰」にあっせんしたとして、手配師の組幹部ら三人を職業安定法違反（有害業務）の疑いで逮捕した。この事件では既に、売春防止法違反の容疑で置屋経営者の女（七二）が逮捕されている。

一九九九年一二月　中部読売新聞

三重県警少年課、伊勢署は渡鹿野島で家出中の女子中学生二人に売春の仲介をしたとして、置屋を経営する暴力団組員の男（二九）らと客ら五人を児童福祉法違反などの疑いで逮捕、男の店で働いていたタイ人女性を入管難民法違反容疑で逮捕した。

二〇〇〇年六月　中日新聞

長野県の無職少女（一六）を売春目的で渡鹿野島の置屋に売り飛ばしたとして、三重・長野両県警は暴力団組員（三六）ら三人の男を職業安定法違反の疑いで逮捕。男らは、知り合いの置屋経営者の女（七四、売春防止法違反で有罪確定）に少女を紹介した疑い。

二〇〇〇年一二月　中部読売新聞

三重県警と鳥羽署などが職業安定法違反の疑いで、置屋経営者の女（六一）を、売春防止法違反の疑いで男（六一）を逮捕した。置屋経営者の女は、売春させるため雇っていたタイ人女性（二四）を男に紹介し、男はタイ人女性との間で売り上げを分配する約束をして雇用した疑い。同署は二人が渡鹿野島で経営する二軒の置屋を家宅捜査。別のタイ人女性（三一）も約九年間、不法滞在していた疑いから入管難民法違反容疑で逮捕した。

二〇一〇年九月　中部読売新聞

三重県警鳥羽署は、渡鹿野島に住むタイ人女性三人（二七～四二才）を入管難民法違反容疑で逮捕した。三人は他人名義のパスポートで入国し、それぞれ二年七ヶ月～一七年一〇ヶ月間滞在していた疑い。「風俗店やスナックで働いていた」と供述している。

ご覧のとおり、過去の報道では職業安定法違反、売春防止法違反、入管難民法違反のいずれかで摘発されている。ここから浮かび上がるのは、女を売り飛ばすブローカー、実際に売春させる性風俗店を提供する経営者などが暗躍する、〝売春島〟の実態だ。

ブローカーは、家出少女や不法滞在の外国人女性をあの手、この手で見繕い、置屋経営者に引き渡しカネを得る。そして置屋はカネを回収するため女たちにカラダを売らせる。少なからずヤクザが介在していたことからも、この島は暴力団にとって美味しい〝シノギ（仕事）〟に違いない。前出のメグミも、そんな毒牙にかかった一人なのだろう。

〈一九七一年に三重県警警部補が内偵特捜の捜査官として島に潜入し、売春婦の女性と内縁となり諭旨免職される。その後は島でスナック経営者兼売春斡旋者となっていたが、一九七七年一〇月に実施された手入れで内妻とともに逮捕されて、売春婦が保護されている。このとき保護された売春婦の大半は家出少女などで、借金付きで送られ売春をさせられてい

たという。なお、この元警部補は出所後、島でホテル経営などに携わり、島の観光産業の発展に尽力していく〉

これは、インターネットの世界でまことしやかに囁かれている話だ。検索エンジンに〝売春島〟と入れて検索すれば、他にも様々な噂が踊っている。

〈島内には名所旧跡などの被写体がないため島内を撮影した写真がほとんどないことや、渡し船の係員が興味本位で島を訪れる男性を防ぐため、宿泊を予約しているかなど確認する〉

〈島のいたるところに売春斡旋所がある。このため警察・報道関係者に対する警戒心はきわめて強く、島全体に入島者に対する情報網が張られているのはもちろん、うかつに写真を撮ることも許されない〉

これらのオカルトめいた話は、脚色された部分はあるにせよ、決して捏造の類いではなく、過去の事件報道や個人の体験談などに基づき囁かれている。前述の〝泳いで逃げた女〟の告白も、その元ネタとして伝説化している。

その最たるものが『伊勢市女性記者行方不明事件』だろう。一九九八年一一月二四日、三重県伊勢市の観光情報誌『伊勢志摩』の美人ライター・辻出紀子さん（二四、当時）が、勤務先を退社後に行方不明となった。決死の捜索を試みたが、事件は迷宮入り。いまだ彼女は見つかっていない。

その地理的理由から〝売春島〟と失踪事件を関連させ、バックパッカーだった彼女が、失踪前日まで旅行をしていたタイで、この〝売春島〟への人身売買ルートを知ってしまったとか、彼女がこの島の売春組織をかねてから調べていたために誘拐されたという説を並べる雑誌もあった。

この時期の〝売春島〟は、摘発事例からも分かるように、日本人はもちろん、多くのアジア系女性が売春婦として働いていた。そのため辻出さんとの関連を面白おかしく並べたてたのだろう。ちなみに当時は、彼女が最後に会った男性による犯行説と、北朝鮮による〝拉致説〟が有力視されていた。

こうした噂話の数々に、前述した数多の事件報道が事実となって重なり、この島は〝売春島〟と呼ばれ、〝タブーな桃源郷〟になった。僕のような取材者はもちろん、興味本位で訪れる好事家たちが体験談を持ち帰り、それを雑誌やブログで流布することで都市伝説化した。〝ヤバい島〟だと書き立てられることが多く、島民たちはそれを不服として警戒心を強めた。その警戒心は、さらに訪れる者たちの脳裏に禁断というイメージを植え付けた。

どうして僕がこの〝売春島〟に魅せられたのか、そして表も裏も歴史や内情を紐解き一冊の本にするまでに至ったのか。

その昔、といっても約八年前、僕はある週刊誌の取材で初めて、この〝売春島〟を訪れた。体験ルポの体裁で、〝売春島〟の実態を潜入取材する。そこで見たものは、置屋はもちろんホテル、旅館、客引き、飲食店などでも女のコを紹介、斡旋してくれセックスできるが、一方で桃源郷と呼ぶにはほど遠い、寂れたこの島の実態だった。そして、〝売春島〟の今を定点観測できただけで満足し、先人たちと同様にヤバい島だと書き記すだけで、あくまで興味本位に過ぎなかったのである。まだ、この時は。

その後、僕は一人の男と出会った。フリーライターという職業柄、新たなネタを探していた。そのなかで、件《くだん》の〝売春島〟で人身売買をしていた元ブローカーに話を聞くチャンスが降ってきた。

それが、後述するX氏である。僕は、別の週刊誌に『元人身売買ブローカーが明かす「伝説の売春島」の真実』というセンセーショナルなタイトルで、Xが体験した〝売春島〟の内幕記事を書いた。

これまで闇に埋もれていたこの島の暗部を浮き彫りにするX氏の証言に、僕は大きな衝撃を覚えた。それ以来、「もっとこの島のことを知りたい、探りたい」という取材者としてのエゴが沸々とした。

そして、二〇一六年五月のサミット（G7首脳会議）により、ふたたび〝売春島〟が注目されたことで、機が熟す。

〝売春島〟は、サミット会場になった賢島《かしこじま》にほど近い位置にある。それにより複数の雑誌媒体などが〝売春島〟とサミットを関連させ、いまだ売春産業が続くこの島の現状をルポし、それと同時に行政側の隠蔽体質を浮き彫りにした。

しかし、それらの報道は、当事者たちを置き去りにした問題提起に過ぎなかった。僕が八年前から数回に亘ってこの島をルポしてきたように、年々疲弊する島の現状を伝える。観光業を全面に押し出しクリーン化を進める流れと、対極にある売春産業、その光と影の上澄みだけを掬《すく》い取り〝過渡期〟と論じる。それ以上でも、以下でもなかったのだ。

これが僕を突き動かした。

〝売春島〟では今も公然と売春が行われており、これは許されるものではないだろう。しかし、僕は売春産業に関わる者たちに触れ、なぜ公然と売春が続いてきたのかを知りたいと思った。〝売春島〟の成り立ちはもちろん、観光業に転じた経緯、そして凋落した現在に至るまで。過渡期と論じるだけでなく、内側に入り込み、自らの目でその状況を確かめ、当事者たちに真実と本音を聞いてみたいと思ったのだ。

――そして、二〇一六年一二月。僕は〝売春島〟の取材を始めた。

そもそも〝売春島〟は、なぜ娼婦が売られてくる島になったのだろうか。

その暗部を紐解くには置屋経営者やブローカーなどに話を聞かなければ始まらない。まずは旧知の仲の、ベテランスカウトマン・宮下（仮名）を頼った。

「昔は沖縄・真栄原《まえはら》のちょんの間や長野県上山田温泉の本番コンパニオンに女を入れ込んだことがあるけど、俺のようなグレー系のスカウトでも売春島はないね」

東京・渋谷を根城とし、どんな女でもカネに換えることで〝ブス専門の沈め屋〟としてその名を業界に轟かせていた宮下でも売り飛ばした経験はないと言う。

「売春島はスカウトマンが介入できないんですか」

宮下は言った。

「そもそも俺らがスカウトして風俗に流すのは、楽に稼ぎたいだけでそれほど覚悟がない、ともすれば逃げるような女なの。真栄原のちょんの間に売り飛ばした女は、ホスト狂いで二〇〇万のツケがあった。それで長年、仕事をするなかで知り合った、半グレのブローカーを頼って、そのブローカーはヤクザに引き渡したらしいんだけど、それもツレだった担当ホストから、『なんとかカネにしてくれ』と頼まれ、仕方なく。

俺らの実入りは成功報酬が基本で、あくまで女がある程度働いたらカネになる。そこにきて真栄原は、バンス（前借り金）ありきで女を売り飛ばすシステムなので、仮に女が逃げたら俺らの器量ではケツ（責任）が取れない。企業舎弟みたいな会社を通した上山田の案件にしても、必ず『一筆書いて』と言われる。だから、できればそんなリスクを冒してまで売り飛ばしたくないのが本音なんだよね」

女が逃げたら、一介のスカウトでは保証ができない。だからヤクザが介在するのかと聞くと、彼は得意げに解説した。

「いや、ヤクザは店との橋渡しをするだけ。あくまで女の保証人は連れてきた俺らか、俺らとヤクザの間に入るブローカーになる。

だからブローカーも慎重だったよね。女のコの面接をして、そこで覚悟を聞いて。もちろん同時に説得もする。それで大丈夫だと確信を得て初めて、ヤクザに引き合わせる。そうして間に何人も入るから、俺らスカウトも極力リスクを負わなくて済む。すると当然、実入りも少なくなる。折半の折半で、手にできるのは八〇〇万のバンスのうちの四分の一。たった二〇〇万をホストと分けた。

多重債務者など追手から逃げたい女は別として、ホストで売り掛けを作ったような、有って無きカネでさほど覚悟もないまま売り飛ばされるヤツらは、逃げる可能性がある。だからヤクザを使って沖縄とか売春島とか、離島で脱出手段の乏しい場所に沈めるしかないんだよね。

ブローカーは『一〇〇〇万は楽に稼げるよ』とクロージングし、ホストの売り掛けが二〇〇万のところ、八〇〇万の借用書を書かせて、女はカラダを売り続けさせられた。それでも一〇年前の真栄原はまだ景気がよかったから、一年後、三〇〇万ほどカネを作って帰ってきましたよ」

宮下が話した内情は、さらに売春島の闇を色濃くした。真栄原に沈められた女からすれば、元金の四倍もの借金を返済したことになるが、女の作った、有って無き借金に群がる男たちの中にヤクザも介入しているのは間違いないようだ。

しかし、疑問もある。宮下の話すブローカーは直接、店と取引した方が実入りはいいはずなのに、どうしてヤクザを頼るのか。一介のスカウトマンである半端な宮下は別として、素性が知れず、ともすればヤクザかもしれないブローカーなら、ヤクザを飛ばして仕事をしたとしてもおかしくない。

こうして階層形式の人身売買ルートが確立されている裏には、何があるのか。それを辿るため、さらに僕が方々の知人を頼った末に「彼なら知ってるかも」と紹介されたのは、元闇金業者の西条司（仮名）だった。

一九九〇年代後半、西条は、ある巨大闇金グループの幹部として鳴らしていた。金利はト五（一〇日で五割の利息）。この暴利から分かるように、フツーの金融屋が相手にしない、もう何処からも借りられない人間たちから、身包みを剥ぐ仕事である。数多の部下を抱えるなど頭角を現し、月二〇〇〇万もの給与を手にした西条は、いつしか善悪の区別もなくなり、悪事を働く対価で得たカネで我が世の春を謳歌したという。

何気ない日常だったかのように、そう淡々と話した彼の経歴を一通り聞いた後、僕が売春島の取材をしていることを告げると、彼は「ああ、三重のあそこね」と、語調も変えず続けた。

「五人ほど売り飛ばしましたよ」

あまりのタイミングのよさに驚いた。

「新規開拓のため、名簿屋から風俗嬢の債務者や滞納者リストを手に入れ、無作為にDM（ダイレクトメール）を送りつけてカネを貸していた時期がありました。でも女は、特に風俗嬢はよく焦げ付くんですよ。困ってウチの会長に相談したところ、『ガラ（カラダ）だけ抑えればカネにしてくれるよ』と、女衒を紹介されたんですよね。

その女衒は最後まで素性は明かしませんでしたが、おそらく稼業の人間（ヤクザ）だと思います。男ならゲイビデオに出演させる、女ならソープで働かせるなどして返済させます。でも、ウチの債務から逃げた人間を捕まえてカネにしようと思っても、ゲイビデオやソープだとまた逃げる可能性があるので、島に売り飛ばす他に方法がなかった。ソープの場合は債務者だと飛ぶ可能性があるからバンスが出ません。

だから、基本は自らソープに働きに行かせ、稼いだカネから定期的に返済させるんですが、あくまでそう仕向けるだけで。たかだか二〇～三〇万の債務で軟禁しながら働かせて訴えられたりしたら、身も蓋もありません。なら、ガラ（身体）だけ抑えて売り飛ばした方がラクだから。興味本位で沈める場所を聞けば、三重の〝売春島〟でした」

手っ取り早く債権を回収するため、女は女衒に売り飛ばす。もちろん、全ての闇金が同じ手法ではないだろうが、少なくとも西条の回りでは二〇人の女が島流しされたという。

「ヘルスで働く二七才のシャブ中毒女には、ト五（一〇日で五割の利息）で一〇万貸しました。一回目の利息は返済したものの、二回目で飛んだ。だからその女を新宿で捕まえるとすぐに、女衒に五〇万で買い取ってもらいました。二二才、ホスト狂いのソープ嬢は元金が五〇万だったので、少々高めの九〇万で買い取ってもらうことに。そういえば、一人AV女優もいた。素性を覚えているのはこの三人だけですね。

ガラを抑えたら、すぐに女衒を呼ぶんです。『私、どうされるんですか……』。女たちはそう不安を口にしました。もちろんビビらせてもしょうがないので、『働いてもらうだけだよ』と、優しく諭す。『嫌だ』と拒むコもいるけど、『ならお金返して』と返せば、ぐうの音も出ない。結局、お金が作れなくてこうなってるんですから。

でも、そうした人身売買で一番恐ろしいのはやはり、臓器売買ですよ。老若男女問わず、医者の診断で致命的な疾患がなければ誰でもカネになる。借金の額にもよりますが、通常は肝臓、腎臓など。それらでも五〇万は下らなかった。売ったことはないけど、眼球なら数千万で買ってくれるらしい。リスクは負いたくないから、その先にどんなシンジケートがあるか知らないし、知りたくもない。ウチとしては最悪、元本が回収できればいいわけで。だから、売春島に売られるなんて甘い方だと思います。一〇万の元金から、最終的に三億の自社ビルを奪ったこともありますからね」

臓器売買の話に身を縮ませながら、聞いた。

「どんなルートで、女衒は島に送るのでしょう。仮に女衒がヤクザだとして、やはり、さらに身分が上のヤクザに引き渡し、その兄貴分が置屋と繋がっているのでしょうか」

僕は、女衒がどんなルートで〝売春島〟に売り飛ばすかを知りたかった。これこそが、売春島の全容を知る手がかりになると思ったからだ。

「『〝売春島〟に連れて行くんだよ』と、聞いたまでですね。女とウチの借用書、それまで知り得た女のデータなどと引き換えに、女衒から現金を受け取れば、それでおしまい。後のことは知らぬ、存ぜぬです」

西条は、できればそれ以上は関わりたくない、だから知りたくもなかった、といった調子で天を仰いだ。

余計な詮索は身を滅ぼしかねない。こうしてヤクザが暗躍し、人身売買のルートが確立されていた九〇年代後半の〝売春島〟は、カネに塗れた悪党の彼であってもアンタッチャブルな存在だったということだろう。

しかし、だからといって立ち止まるわけにもいくまい。二人の話を聞いたが故に、新たな取材への道が見えてきたのである。

果たして女衒とはどんな人物なのか。その先にはヤクザが暗躍しているのか。過去の摘発事例からすれば、女衒から何から暴力団組織の仕事なのかもしれない。だとしたら、どんな組織が〝売春島〟を仕切っているのか――。

第二章　人身売買ブローカーの告白

ここに、一人の男がいる。元暴力団組員の、X氏。人物の特定を避けるため、名前や年齢、組織名などは伏せさせていただくが、かつて、この〝売春島〟で人身売買ブローカーとして名を馳せ、約二年で一億ほど稼いでいた人物だ。

Xとは、ある暴力団幹部を通じて知り合った。低姿勢なうえ、顔つきも温和だが、大柄でがっしりとした骨格とサングラスの奥から覗く鋭い眼光からは、長年、裏街道を歩んできた凄みが滲みでていた。Xの住む関西某所の喫茶店の片隅で、話を聞いた（※一部、後の取材で本人や別の取材対象者により否定された部分が含まれている）。

この商売に手を染め始めたのは、一九九七年頃のこと。Xは才覚のある暴力団組員として既に、ある程度の地位を得ていた。

きっかけは、〝売春島〟に女を送り込んでいた広域暴力団組織配下のA組、その現役組員からの紹介だった。自分でもこれほど稼げるシノギだとは考えもしなかったと話す。

「最初に入れたのは大阪でナンパした二〇才の女だった。女を置屋に入れるにはA組の姐さんの口利きがないとダメで、その姐さんに口を利いてもらって。姐さんは、提携する渡鹿野島のBホテル配下の置屋の面倒を見ていた。いわゆるミカジメ関係だね」

Xは女を惚れさせ、「俺のために島に行ってくれ」と背中を押した。女は「Xのためなら」

と、島での売春を了承。女は売り飛ばされ、置屋からはその対価として二〇〇万円ものバンス（前借り金）が支払われた。仲介した組員に一〇％を支払ったものの、労せず一八〇万もの大金が懐に転がり込んできた。

「これはシノギになると思って、方々でナンパした女を立て続けに三人、島に送り込み、瞬時に六〇〇万ほど儲かった。それからのべ三〇人以上は入れたかな。バンスに加え、女には貯金させ毎月、私の口座に振り込ませていた。だからバンス分に加え一人平均五万円の実入りがあった。もうウハウハだよね」

Xによればこの〝売春島〟、以前は漁師の船着き場として栄え、元々は女を買う島ではなかったという。

「当時の漁師は裕福で、そこに女を宛てがったらどうなるか……。それでA組が島を仕切り、売春婦を入れこんだのがこの島の始まりだと聞いているよ」

名古屋から近鉄列車に二時間ほど乗り、終点前の鵜方《うがた》駅で下車。ここから的矢湾に向かって車で一五分ほど走ると渡鹿野渡船場が見えてくる。ピストン運行を繰り返すポンポン船（小型船）に乗り、ものの三分もすれば〝売春島〟だ。

メインストリートを中心に点在する、一部のパブやスナックが女を買える売春置屋だが、それ以外の民宿、ホテル、喫茶店、居酒屋などでも女を紹介してくれる。女は日本人に加え

対岸の船着き場からポンポン船（小型船）に乗り、ものの３分もすれば“売春島”だ

タイ、フィリピンなど東南アジア系の出稼ぎ売春婦たち。料金はショート（六〇分）が二万円、朝まで（夜一一時から朝六時まで）過ごせるロングが四万円だ。

渡鹿野島へ女を入れるルートは当時、三つあったとXは言う。一つは前出A組の関西ルート。一つは組織Bの関東ルート。そしてもう一つは島で働いている女のコの紹介で来る、〝ブッコミ〟と呼ばれる直取引だ。

バンスは女の手に渡ることはない。それはXのようなブローカーが手にする紹介料に過ぎず、女は端から二〇〇万円分のタダ働きを強いられることになる。このバンスには、さらに月一割の金利がつくという。

「当時はショートが一万二〇〇〇円、ロングは四万円。例えば女が日に五万を稼ぐとするよね。うち半分は置屋の取り分で、残りの二万五〇〇〇円からバンス分と女の維持費や生活費を引き、女の手元には五〇〇〇円ほどしか渡らない」

しかし、実際には、女のコにはこの五〇〇〇円すらマトモに渡っていなかったという。

〈今日の分はママが預かって、明日渡すね〉

そう置屋のママが言い、カネを翌日払いにすることで、継続して島で働くよう仕向けるのだ。もっとも、次の日も女が全額手にすることはない。島内でのタバコ銭として一〇〇〇円ほどしか渡さない。脱走防止のためだ。

「当然、女のコは納得しないよね。そこでママがバンスのことを懇々と説明して脅したり、俺がママに電話を入れ甘い言葉を投げかけるなどの色管理をして、飴と鞭の両輪で島での売春を続けざるをえない状況に追い込むの。

脱走防止には、女の心のケアが最も大事なんだ。電話は三日に一回と決まっていた。当然、女のコにはケータイなど持たせない。俺が店に電話をして、店のママが取り次ぐかたちでね」

置屋にはママの他に、飲み屋で言うチーママのような長く働き信用を得た女がいる。そのチーママがリーダーとなって少数のグループを作り、女を管理している。「島を出たい」などの不平不満を吸い上げ、それをママに報告。ママから外出の指示が出ると、一人二〇〇〇円程度の現金を持たされ、チーママの監視下の元にポンポン船に乗り、賢島の駅前での買い物などの気晴らしをさせるのだ。

「それも週一回、一日だけ。こんな感じで、女が逃げ出す前にママと俺とで対処するシステムが確立されていた」

それでも逃げ出すチャンスなどありそうだが、島民やポンポン船の船頭はもちろん、賢島の商店街や周辺のタクシー会社まですべてがグルのため、それも難しい。加えて、宿の部屋に盗聴器が仕掛けてあり、客も監視されているという噂もある。

「それは嘘だけど、客の顔写真を撮影し、ポンポン船の船頭に渡す。客に女を逃がす手引きをさせないよう監視するためにね。加えて新人売春婦の顔写真が貼ってある。それにサービス時に女に持たせるポーチの中には、コンドームなどの他に置屋のライターが必ず入っている。そのライターが実は探知機で、部屋に入った時間と出た時間が分かる仕組みになっているの。今はそんな厳しくないけど、当時の監視体制は相当に厳しかったみたいだね」

ちなみにチーママは借金が終わっている女で、稼げば稼ぐ分だけ自分の実入りになる。島の出入りが自由のため、島が職場なだけで、追加の借金が無ければほとんど自由の身だ。

自然、逃げられないと悟った女たちはいかに島での生活を快適にするかに全力を注ぐようになる。長くいればいずれチーママになることができ、自由が得られる。こうして女たちは逃げる思考を奪われていくのだ。

が、それでも脱走を目論む女がいる。

「俺が売り飛ばした女で、海に飛び込んで泳いで逃げようとした二一才がいた。ロングで仕事に就き、夜中の二時頃、客がシャワーを浴びている隙に部屋を飛び出した。

その数分後に客から店に連絡があり、手分けして島中を探したがいなかった。島にいないことが分かれば、すぐに対岸に連絡が入る。で、女が海を渡りきって防波堤に手をかけたところで捕まえたんだ」

こうした女には〝水シャワー〟でお灸を据える。部屋のガスを止めて温水を使えなくする体罰だ。この水シャワーには警告の意味もある。

「チーママが女の不穏な動きを察知してママが指示するんだけど、それがバレてるよと知らせる合図にも使う。島に長くいるコはそれを知っているから、水シャワーになれば自ずと態度を改めるの。同時に私のところにもママから連絡が来るから、女に電話して、悩みを聞いてやってね」

Xがブローカーから足を洗うことになったのは、一年が過ぎた一九九八年五月のことだ。爪を伸ばし、ある女を、バンスを手にしたらすぐに島から逃がし、また新たな女を入れてバンスをせしめる悪事を働いたのが運の尽きだった。逃がした女に警察に駆け込まれ、挙げ句、売春島への斡旋をチンコロされ御用となったのだ。

「逃がした女をソープに沈めてさらに稼がせていたから、さすがに罰が当たったんだろうね。当時は置屋が八軒で、女は一〇〇人くらい。しかもすべて若い日本人。だから客も多く、俺の女は逃げるって悪評だったけど、背に腹はかえられないのかママはすぐにバンスをくれたんだ」

かつて、これほど島の実態が赤裸々にされたことがあっただろうか。偶然とは言えXに出会い、貴重な話を聞けたことに僕は、興奮を隠せないでいた。

この告白からは、暴力団組員が、カネのために売春島でシノギをし、女に裏切られ逮捕の憂き目に遭ってしまったまでの顛末が分かる。関係者しか分からぬ実態も語られており、それなりの説得力も感じられる。

このXへの取材は、こうして僕が〝売春島〟について調べ始める五年前、二〇一二年のことだった。

男は言っていた。

置屋のママと直に仕事した方が稼げると思って、途中からA組の姐さんを飛ばして取引した。以降は、自分が直で、島に女を連れていった。だから一介のブローカーでは知り得ない話を知っている、と。

しかし、である。一九九〇年代当時、ライター式の探知機のような精巧な機械があったのだろうか。また、それを導入するほど島は厳戒態勢にあったのだろうか。

さらに〝水シャワー〟も疑わしい。二〇〇万ものバンスを出すことをかんがみれば、女は引く手あまただったはずである。数ヶ月もすれば完済して自由の身になれるわけだし、脱出方法も海を泳ぐしかない。たとえ不満を漏らしていても、お灸を据えるより、心のケアを優先して気分よく働かせた方が得策ではないのか。

僕には正直、Xのリップサービスがあったのではとの疑念があった。Xにもう一度会い、顔と顔を突き合わせ、その是非を確かめなければならないだろう。

幸い、本名や組織名などと摘発事例を照合した結果、男が売春島の人身売買ブローカーであった裏取りはできている。そこには、もっと生々しいドラマがあったに違いない。そんな、前回は語られなかった事件の詳細も明らかにしたい。

ふたたび僕は、Xを訪ねるため関西某所へと飛んだ。年を跨いだ二〇一七年一月中旬のことだ。

「お久しぶりです。今日は、また〝売春島〟のことを伺いたくて。本にするためXさんに聞いた話を読み直していたのですが、伝聞や噂の域を出ない話ではと思える部分がありまして。申し訳ありませんが、再度確認させてください。Xさん、本当のところはどうなんでしょう」

開口一番、僕はその疑念を問いただした。Xは、頭を掻き、バツが悪そうな顔をして、答えた。

「いやぁ、〝探知機〟と〝水シャワー〟はさすがに言い過ぎたと思う。そんな噂を聞いただけで、実際に確認したわけじゃないんだ。でも、俺が売春島で仕事をしていたことは本当だよ。逮捕もされているから、調べてもらえば分かることだけど」

既に報道資料や紹介者のヤクザなどから裏取りしていると伝えると、Xは安堵の表情を浮かべた。

「Xさん、だから今日はその逮捕された経緯なども詳しく聞かせてほしいのです。その前に、まず、Xさんが島に入れた三〇人以上の女は、すべて一人で入れたのですか」

「ぜんぶ、俺。もちろん若い衆にも手伝わせたけど、スカウトとか紹介とかは一切使ってない。手口？　簡単に言えば、〝色管理〟かな。ナンパして、惚れさせて『俺のために働いてくれ』と諭して。

ほとんどは家出少女、というか家出をさせたコだね。まあハタチ超えてたら家を出させてもいいでしょう」

「あの島はヤクザが絡んでいるし、逃げたりしたら後処理ができないから基本、スカウトは関わらない、と聞いています」

「そうだと思うわ。だから俺らのような稼業（ヤクザ）の人間の専売特許になっていたと思うわ。当時は島が潤っていたから、バンスを二〇〇万出して、たとえ逃げても問題にならなかった。女のコも稼げるし、店もそれ以上に稼げたから。

また島から出るにも、島で長く売春婦をしているチーママ的な女のコの付き添いが必要だった。俺が送り込んだクミ（仮名）という女がいて、そのクミが一年ほど働きチーママになった。クミの株が上がることで、俺にも信用ができて、置屋に直接オンナを入れられるようになった。当初は兄貴分を通してたんだけど、バンスを何割か抜かれたりしたので、お礼の意味で一割は渡したにせよ、そういう思考になったんだ。

稼いだカネ？　億はいってないくらいだね。俺は当時、一人二〇〇万と計算していた。それが三〇人以上だから、七〇〇〇万ほど。後は働いて貯めたお金を振り込ませたり、働くなかから再バンスでさらに二〇〇万、用意させて。クミとか長く（半年以上）働いていた一〜三人は、まだ完済してなくても追加で前借り（バンス）できたんだ。多分、五〇万を切るとまた前借りさせてくれるシステムだったと思う」

僕は〝泳いで逃げた女〟、メグミの告白が掲載された雑誌のコピーを取り出し、Xの前のテーブルに開いて見せた。

「ここには一九九五年当時、一七才だった少女による脱走劇が書かれています。Xさんは前回、泳いで逃げたが水際で捕まえて未遂に終わった女がいると言っていました」

Xは黙ってそれを手に取ると、冷たい目を落とし読み始めた。メグミは、残り五〇万の借金を残して逃げた。その顛末が書かれた個所を指差し、男は言う。

「だからこの一七才が五〇万を残して逃げたのは分からんでもないよ。入れた男からもう二〇〇万のバンスの話をされ、それで逃げたのなら。この一七才も言っているけど、必死で働いて一五〇万返して自由になろうとしているのに、また振り出しに戻されようとしたら、それは誰でも自暴自棄になるよね。完済すれば当然、自由の身。島を出てもいいし、そのまま残って自分のために稼ぐこともできる。そんな未来が見えなくなったわけだから。

でも、あの距離を泳ぐとなったら大変だよ。仮に泳げたとしても、陸に上がるには絶壁を登らないかん。誰かに引っ張ってもらわないと大人の男でも無理だと思う。船着き場の一部が浅瀬になっていて、そこからなら可能性はある。逃げるとしたらそこからしかない。

俺が入れた一九才がそこで見つかり未遂に終わったように、島の住民らもそのことを分かっている。だからかその逃走ルートには必ず見張りの男がいる。その場所から陸に上がろうとしてる女がいる時点で島に連絡が入り、『じゃあ捕まえて』ということになるから。見張り役は渡し船の船頭さん。渡鹿野島に渡るには、この渡し船に乗るしかない。渡し船は三隻あり、約三分間隔で常に往来している。そのため、営業していない深夜や早朝なら別だが、朝から日付が変わる頃まで監視の目が届かなくなることは絶対にない。

だから俺が入れた一九才は未遂に終わった。女が島で働いて二ヶ月後のこと、『陸の手前で捕まえたよ』と、クミからの電話で発覚した。それで『どうする？　ママは二〇〇万返してくれればその女のコ返すって言っているよ』と、クミから相談されたことがあったんだ。俺は『そのまま働かせて』と、話を終わらせた。冷たいようだけど、当時の俺はカネしか見てなかったから」

クミの名前を出す際のXは、申し訳なかったという感情と、それでいて女をダシにした金満生活がいまでも忘れられないような思いが交錯した複雑な表情をしていた。

「地元の同級生だったクミは、昔から俺に惚れていた。俺には嫁がいたんだけど、それでも惚れていたクミを随分利用させてもらった。俺が『一〇〇万用意してくれ』と言えば、サラ金で借りてでも必ず用意する女だった。高級車も貢がせたし、現金も三〇〇〇万ほど引っ張った。

多重債務に陥ったクミには、もう借りるアテはなかった。それで冗談半分で『実家がある』と言ったら、親を説得し、家を担保に一五〇〇万作ってきた。それをも使い切った俺は、『悪いけど、頼む』と一九九五年頃に売春島に送り込んだ。最初は泣いていたが、そのまま実家に荷物を取りに行き、その足で渡鹿野島に向かった」

オンナの身包みを剥いだ。Xは続けた。

「頭には、カネと愛する嫁のことしかなかった。自分と、自分の嫁に良い生活をさせるためには他の女を泣かせても……だから、お前ら身を削れ。それが無理なら、いらん。クミしかり、他の女とも一切、仕事と割り切り肉体関係は持たなかった。ほら、情が湧くのが嫌だったから。ちなみにそのクミも、数年前、病気で亡くなった」

そうやるせなさを吐露したXは、「ハッキリ言うけど、男の口車に乗せられて売春島に流された女は俺の知る限りみんな、どこかヌケてるよ」と自嘲気味にこぼした。

「いまでも後悔している。祭りでナンパした別の一九才の女だった。とりあえず一回、バンスの二〇〇万円をもらった。欲を掻き、さらにもう一回バンスをもらうため、クミに『悪いけど一九才を連れて島を出てくれ。女を逃がすから』と電話した。しばらく身を隠させ、また違うコとして島に送り込みバンスをもらう算段だった。

クミは当初、『私の責任になるから』と断っていた。女が逃げたら結果、チーママの管理不行き届きになるし、強いてはその支払ったバンス分を背負わなきゃいけないしきたりだから。それでも『もう二〇〇万、必要だから』と諭し、上手いこと賢島の商店街まで連れ出し、そこで俺の若い衆に車に拾わせ逃げてきた」

「それで、女をソープで働かせていた潜伏期間中にその一九才が警察に駆け込み、Xさんは逮捕されたんですね」

　Xは少し早口になった。過去の記憶が鮮明になったかのごとく。

「そう。『渡鹿野島の方が待遇が良かった』と、警察に駆け込まれた。女は警察に『渡鹿野島に返してくれ』と助けを求めたらしいんだ。

　女は、家庭が崩壊していて家出状態だった。それで俺の別宅に転がり込んで来て、そこには若い衆もいたから自然と男女の関係になるわけ。それが嫌だった女から『どこかに連れてって欲しい』と相談された俺は、一旦、実家に帰らせることにした。

　俺は、親に娘の現状を正直に話した。でも両親は『もう要らん』と見放したんだ。それで俺は『もう〝売春島〟しかないな』と言った。すると女は『そこでいい』と言ったんだ。

　親に見放され、帰る場所がなかった女にとって〝売春島〟は実家暮らしより居心地が良かったらしい。置屋のママが母親代わりに施してくれていたんじゃないかな。

　そこから俺の転落が始まるんだ。俺は一旦逃がして、中継ぎでソープで働かせ、バンスの二重取りを企てた。しかし、これは警察に聞いた話だけど、その晩、俺の若い衆が女を無理矢理やってしまい、それが嫌で警察に泣きついた。

　カネに目が眩み、当時は感覚が麻痺していた。だからそんな悪事を働いてしまったんだ」

　逮捕の引き金を引いたのは自分自身だった。俺に相談してくれれば捕まることはなかった、ケータイでも持たせておけばと後悔しているという。

逮捕後はどうなったのか。

「同時にホテルの女将と置屋のママも捕まった。捜査の焦点は金銭の授受だった。仮に置屋のママが『渡した』と自白したとしても、俺はお金を『もらってない』とシラを切り続けた。二人だけしか容疑者がおらず、そこで意見の相違があればパイになったかもしれない。でも、そこにホテルの女将が加われば、一対二の構図になる。

結果、置屋のママとホテルの女将は起訴されず、俺だけ実刑になった。つまり俺に、責任をなすりつけたんだと思う。俺は弁護士との話で、有害業務の斡旋については、一〇年以下の懲役、もしくは一〇〇万円以下の罰金と知り、一〇〇万円以下の罰金で済むと思っていた。俺は現役ヤクザで、警察にとっては大きな手柄。だからハメられたんだと思っている」

Xが売春島に関わっていたのは、こうして逮捕されるまでの二年弱。塀のなかでの生活と引き換えに、億に迫るカネを手にした。

「繰り返すけど、稼ぎの半分は女のコの取り分になる決まり。でも当時、女のコが店からもらえたのは二～三〇〇〇円だったと思うよ。で、俺は、そんなわずかなカネも貯めさせ、ある程度貯まったところで送金させていた。俺は酷い男で、女のコらには可哀想なことしたと謝罪の気持ちもあるんだけど、そうして根こそぎ奪っていた」

カネは、クミがチーママになった以降、彼女がみんなの分を預かり、Xの本妻の通帳に振り込ませていたという。最盛期には、ホテルのスイートルームに泊まりっぱなし。金が無くなれば「おい、ちょっと二〇〇万ほど振り込んでくれ」と、電話一本。派手な生活だったと、Xは当時のバブルを懐かしむ。

「そこには多くの犠牲者がいた……」

男は、こちらが話し終らないうちに、それを遮るように言葉を被せた。犠牲者という表現だけは違うとばかりに。

「あのね、置屋は管理売春で捕まっているけど、別に俺は『管理してね』とか『無理矢理売春させてくれ』とか言って島に女を送っていたわけじゃないんだ。単にカネが欲しかっただけで。だから『逃げたら責任取ります』なんて話はまったくしない。そこまで責任負えないから。あくまで俺は、『女を紹介するから二〇〇万円のバンスをさせてくれ』と交渉しているだけだから。

つまり女を送った後はもう、全ては置屋の責任だと思っている。女が二〇〇万円の前借りをして、俺はその女から二〇〇万円をもらっていた。店から直接、カネはもらってない。だから俺は裁判で争った。それなら有害業務の斡旋には当たらないでしょう、と。

当初は警察も納得してくれていた。でも後に置屋のババアが『直接渡したことがある』と、余計なことを言ったから起訴されたんだ」

「そこには裏取引があったと思っているのですね」

「そう。管理売春での起訴を逃れるために俺を売ったと思っている。結果、ババアと女将は不起訴になっているからね」


その裏取引の真相は別にして、ここまでの取材でハッキリしたことがある。

それは、売春島には、ヤクザが何らかのカタチで関与していたことだ。女を調達するXのようなブローカー、それを取りまとめる中継役のA組姐さん、実務担当の置屋やホテル。これが一つの線で繋がり、売春で荒稼ぎしていた——。

少なくともXや、元闇金たちが関わっていた一九九〇年代後半は。

だが、まだまだ島の全貌にはほど遠い。いつから売春が始まったのか。どうして暴力団組織が関わるようになったのか。はたまた置屋やホテル経営者の素性とは……さらに、当局との裏取引があるような関係だったのか。だからこの島は〝治外法権〟だと言われているのか。

それを紐解くためには、まだまだ関係者にあたる必要がある。もちろんA組の姐さんにも接触してみたい。

第三章　〝売春島〟と山本次郎さん

だだっ広い室内の片隅で一人、老婆がコーヒーを飲んでいた。僕と佐津間（仮名）さんと老婆の他に客はいない。しずまりかえった空気のなか、カウンターに立つ店主の女性だけが手を動かしていた。

窓から見える船着き場にも、賑わうはずのメインストリートにも人影はない。荒涼とした景色のなか、廃業した不釣り合いなほど大きなホテルやスナックが無言で居座るだけだ。その様子から、この島が時代から取り残されているのは明白だった。

二〇一七年一月のことである。僕は三重県志摩市渡鹿野島の、とある飲食店にいた。

〝売春島〟の取材を続けていたのだ。

「あのねぇ、夕方のメイン通りには、ポン引きから娼婦から客からもう、まっすぐ歩けんほどいっぱいおりましたわ。置屋も、今もやっとることはやっとるけどもう、見る影もありませんわ」

同行してもらった佐津間さんが、変わり果てた島の姿に呆然とするかのごとく口にした。

それは、ひとたび島を歩いて回れば嫌でも実感できることだった。解体途中のプールが放置されたまま廃墟となった大型ホテル。点在する、荒れ放題となったアパートの数々。ときおり住民ともすれ違ったが、乳母車を支えにして歩く高齢者ばかり。それほど人も、そして

かつての賑わいが消えたメインストリート。旅館やホテル、置屋などが建ち並ぶが、今は廃墟と化した施設も少なくない

建物も元気がない。

いまはヤクザ組織に身を置いている佐津間さんは、稼業の道に入る約三〇年前、約二年に亘りこの島の内装職人として住み込みで働いていた。島の関係者にあたるため、知人のヤクザ幹部から紹介されたのが、"売春島"の対岸に位置する地元、鵜方地区で暮らす、この佐津間さんだった。

一九八三年当時の渡鹿野島には、置屋十数軒、ホテルや旅館が一〇軒ほど、他にも商店、飲食店、はたまたゲームセンターまで建ち並んでいたのだと、ここへ歩いてくる途中で佐津間さんが昔話をしてくれた。

同行してもらったのは、他でもない。

佐津間さんは当時、〝売春島〟にあるうどん屋の二階を寝床にしていた。そのうどん屋の店主を訪ね昔話を聞かせてもらうためだった。

しかし、既にその店は跡形もなくなっていた。また佐津間さんが顔なじみだった住民たちに話を聞こうと訪ね歩いたが、既に亡くなっているのか誰とも出会えず、それも叶わなかった。

「スナックは『恋の坂』、ホテルは『つたや』……島の、ほとんどの商業施設のクロスを張りましたわ。いつからあったかは知らんけど、既に老朽化しとって、その建て直しやリフォームをしたんですわ。

元々はね、四国の人間が多いんです。どういうわけか、四国の人間が移り住みスナックやら置屋やらの商売を始めたんですわ。大将のKさんはもう亡くなりましたけど、『恋の坂』などみんなそうですわ。そのKさんなど、売春で稼いで金を持っとる四国から来た商売人が、島の人らによくお金を貸しよった。そのカネでみんな、各々商売を始めてね。それでこの島は発展したんですわ」

「その四国の人らはヤクザなのですか」

「いや、カタギの人らです。でも裏で繋がっとりますわ。特に『つたや』さんは、島では有名な顔役でね、よくA組が出入りしとった。ヤクザは……やっぱりA組が多かったね。島で商売しとったA組の姐さんが確か、三重県内で飲食店を経営してるはずや。置屋を経営しとった寒川（仮名）という男も、元はA組の人間ですわ」

Xが言っていたように、やはりA組が暗躍していたのだ。佐津間さんが続ける。

「でも、元々の地元の人らは悪いことをしていませんでした。ただ食堂とか喫茶店、居酒屋、旅館、渡し船……売春目当てで来る客たちのために周辺産業で置屋に協力しただけでね。それと、『つたや』の旦那は元、鳥羽署の警察官やったね。名前は確か、芥川さん。奥さんは置屋の経営者で、芥川さんは三〇年近く前、そのママとネンゴロになって、その後、『つたや』を開業したんですわ」

僕は色めいた、これまでの取材成果が点と点で結ばれようとしていたことに。佐津間さんが言う、三重県内で飲食店をする姐さんは、状況からして、Xが言うA組の姐さんと同一人物だろう。単なる噂だと思っていた元警察官の男は、芥川という名前でしかも、実在していたのだ。そして、Kさんを始めとする、四国からやってきた面々。

その昔、なぜ彼らはこの島で商売を始めたのか――。

佐津間さんと別れた僕は、急いで島を離れ東京に戻った。知り得た情報を精査するためである。

その足で、僕は法務局（登記所）に向かった。島に現存する土地と建物の不動産登記簿謄本をしらみつぶしに調べることにしたのである。

そこで得た『つたや』の謄本には、芥川さんの名前はなかった。所有者の欄には『岡田雅子』の名前が。これが、佐津間さんから聞いた〝置屋経営者のママ〟で間違いないだろう。

その『つたや』は、二〇一六年一〇月に競売にかけられ、所有権は神奈川県横浜市のKという人物に移転していた。既に廃業していることは知っていたが、何があったのだろうか。

『恋の坂』の謄本では、金貸しをしていたというKさんと、その内縁らしき女性、Kという名字の女性の名前もあった。佐津間さんに電話で確認すると、芥川さんと岡田雅子、それにKさんは既に亡くなっているという。が、Kさんの内縁者は今でも島で置屋を経営し、〝Kさんの嫁〟であることが分かった。

一歩前進したが、既に重要な取材対象者が亡くなっていることに愕然とした。残るはKさんの嫁、A組の姐さん、そして元A組の置屋経営者、寒川さんだ。

翌日、〝売春島〟の遍歴を調べるため、国会図書館で渡鹿野島の住宅地図を閲覧した。現存していた最も古いものは、一九六八年。以降、古いものは飛び石だが、一九九〇年代からは連続して残っていた。

住宅地図を広げ、居住者の名前や店舗の屋号をつぶさに調べた。一九六八年にはホテル、

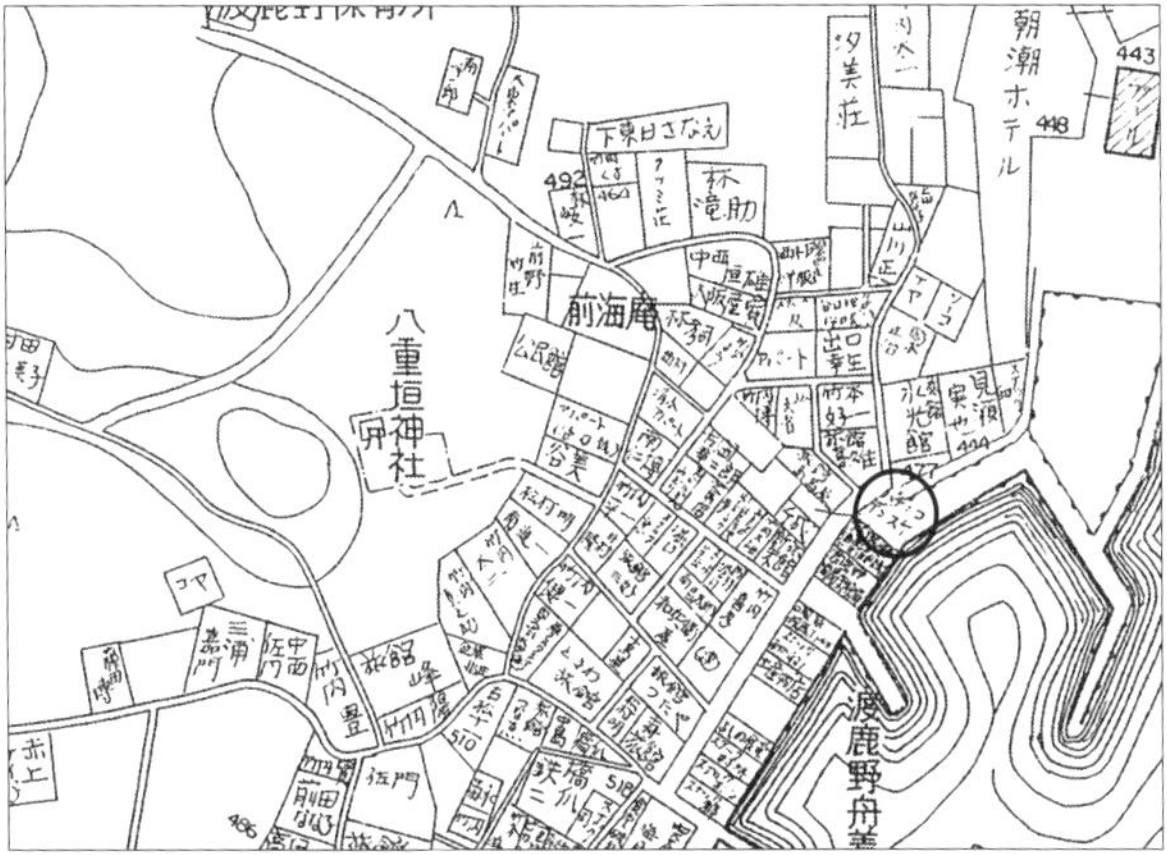

渡鹿野の住宅地図。民家やホテルの他、手打ち時代のパチンコ屋「デンスケ」なども営業していた（一九七九年、「デンスケ」は丸で囲んだ部分）

旅館、飲食店が一軒ずつ。あとは民家だけのようだった。

しかし一九七七年になると、宿泊施設は六軒ほどに増え、複数のスナックやアパートもあった。

一九七九年にはそれらが増えているばかりか、パチンコ屋『デンスケ』という記述も見られた。さらに一九九六年にはパチンコ屋がなくなり、代わりに『S』『H』など置屋と思しきスナックが乱立していた。さらに商店、喫茶店、美容院など商業施設が格段に増えている。

その状況は二〇〇〇年代初頭まで変わらず二〇〇三年、『わたかのパールビーチ』がオープン。そして二〇一六年、多くの宿泊施設が廃業し、置屋も数軒残るのみとなっていた。

この作業により、島の遍歴が朧げながら見えてきた。まず、パブやスナックを装った置屋ができたのは一九七〇年代のこと。それまでは、宿泊施設はあったものの、寂れた離島だったということだ。

一九八〇年代に入ると、パチンコ屋が出現するなど飲み屋とギャンブル場が混在する繁華街の様相になる。以降、一九九〇年代にかけて置屋が乱立し、文字通り〝売春島〟の様相に。ホテルなど商業施設もスクラップ&ビルドを繰り返していた。

佐津間さんが内装業者として島に関わっていたのはこの時期で、彼の証言では、今から三〇年前には既に老朽化したホテルやスナックが多く、佐津間さんはその建て直しやリフォームを任されていたという。時代はバブル真っただ中だ。この島も、熱海や伊香保などの有名温泉街同様、好景気に湧いていたと予想できよう。

それにしても、こんな小さな島にもパチンコ屋まであったとは驚きだ。それほど島は好事家たちを引き寄せていたのだろう。

そして二〇〇〇年代に突入すると、パールビーチが整備されるなど〝売春島〟からの脱却が進められ、それに反比例するかのごとく、現在に近づくにつれホテルや置屋が廃業していくのである。

地図から見られない遍歴は、過去の報道資料や関連書籍で補った。
まず古本屋で見つけたのは、昭和二四年に出版された中田政吉著の『志摩鳥羽の茶話』なる、渡鹿野島の歴史が記された古い文献だった。
この島は、〝風待ち港〟で、帆船で物資を運搬していたこの時代、物資の調達や船員の休息のため、船は〝売春島〟に停泊し、目的地に向けて進むのにほどよい風が来るのを待っていた。本書には、こんな記述もある。

〈名物は鳥羽の港に日和山　宿かりもする走りがねあり〉

走りがね（ハシリカネ）とは、江戸時代より明治三〇年代頃に鳥羽の名物であった、船人相手の女郎のことである。そして女郎とは、遊女とも呼ばれる、遊郭で男性に性的サービスをする女性のこと。噛み砕けば売春婦だ。
また『全国花街めぐり』（松川二郎著）では、港の女のなかには、小舟に乗って沖へでかけ、そこに停泊している船へ行って春をひさぐところの一種がある、とされている。

〈鳥羽はよい所　朝日をうけて　七ツさがれば　女郎がでる〉

そう唄われた鳥羽名物〝ハシリカネ〟がそれで、船頭衆を主として客とする公娼であった。江戸時代、江戸と大阪を結ぶ航路上にこの島は位置していたことで、樽廻船《たるかいせん》や菱垣廻船《ひがきかいせん》といった商人の船から、肥料船、イワシを追いかけたアグリ船などの小舟まで大小様々な船が入港し、この入り江を埋め尽くしたという。そして海が時化ると、船員たちは宿に泊まったり、島の女郎たちにしばしの安息を求めたのである。

そこでは漢字で〝把針金〟と記されていた。その字面から想像できるように、売春の他に船の帆や船員の衣服などを縫う仕事もした。

明治以降はハシリカネが禁じられたほか、汽船も登場し、風待ちの必要がなくなると、船の出入が徐々に減り、ハシリカネも姿を消していく。昭和一〇年代にはその姿を見なくなったという。

だが、それは遊郭へと形を変え以降も終戦後の一九五七年、売春防止法の制定まで女郎の文化は続いた。この女郎文化は、売春防止法の制定までは公的に認められた売春、公娼であった。しかし売春防止法が制定され、売春が罪となり管理売春、つまり女郎文化も建前上は消えることになる。ただし赤線、青線と呼ばれる売春を行っている地帯がいまだ続いているように、この島でも、秘密裏に売春が続いたのである。

二〇〇三年にオープンした「わたかのパールビーチ」

そして、脈々と受け継がれてきた売春史と並行して、その後、売春を浄化する動きが始まる。ハシリカネから裏稼業として続いたこの島の売春産業は、その是非は別として、臭いものにフタをするかのごとく隠蔽され、衰退していく。

一九八八年の中日新聞によれば、自然を利用して開発する国際リゾート『三重サンベルトゾーン』構想に渡鹿野島が重点整備地区入りし、島の活性化のため海水浴場をつくったり、旅館組合が中心となって家族連れ、婦人層の誘客イベントを展開するなどして、「これまでの歓楽のイメージを打破しクリーン観光地づくりに取り組む」との記述があった。パールビーチが発端だと思っていた浄化の動きは、既にこの頃から芽を出していたことになる。

二〇一三年の流通新聞では、三重県が『離島振興計画』を策定し、住民たちの生活基盤の整備はもちろん、水産業と観光の連携による地域産業の活性化を図るとされている。

これに付帯する動きとして、二〇一二年、大学生の感性や意欲を、観光振興やまちづくりに生かそうとする試みも始まる。学生二〇人が渡鹿野島を訪れて島の現状を調べ、地域住民と意見交換をしたという（中部読売新聞）。鳥羽署により二〇一三年、交番や駐在所がない渡鹿野島に署員が防犯などの講話に出向く『移動交番』事業も始まった（中日新聞）。

二〇一五年には、風光明媚な島を知ってもらうため、島の形にちなんだ『ハートウォークラリー』が始まった。島に点在する八重垣神社や渡鹿野公園、パールビーチなど五カ所を巡るイベントだ。

そして二〇一六年五月、近隣の賢島で開催されたサミット（G7首脳会議）だ。三重県県警サミット対策課によると、サミット開催に向けた警備体制の規模は、全国から集められた少なくとも一万人を超える特別派遣部隊だった。

ほど近い鵜方駅前のビジネスホテルに聞けば、開催中の前後三ヶ月は「周辺ホテルはどこも満室。サミット様々でした」というが、その余波を受け置屋の営業自粛を余儀なくされた〝売春島〟にとっては、単に迷惑なだけだったらしい。サミットは、こうして浄化を進める島にあって、さらに売春目的の客たちを遠ざける要因となったのだ。

こうして複数の文献にあたるなかで、一つ、重要な記述を発見した。

〈かつて風待ち港は、例えば瀬戸内海などに存在し、渡鹿野島同様に女郎がいたことも確認されている〉

「瀬戸内海などに存在していた」というこの話は、佐津間さんによる「四国や九州からの移住者が多い」という証言と見事に合致するではないか。


この奇妙な一致が分かり、すぐに頭に浮かんだのは、三代目山口組時代から現在に至るまで、戦後のヤクザ史をつぶさに見てきた若杉さん（仮名）だった。共通の知人であった元ヤクザ組織幹部の紹介で出会った若杉さんは、なぜか僕のことを気に入ってくれ、以降、月一回のペースでお茶を飲みながら戦後のヤクザ史をレクチャーしてくれる貴重な存在だった。彼なら、何か情報を持っているやもしれない。

果たして、四国や九州からの多くの移住者が〝売春島〟を目指した背景には、瀬戸内海にも存在していたという〝風待ち港〟が関係しているのだろうか。四国の風待ち港にも女郎文化があったが、何らかの要因で疲弊し、だから新たな猟場を求めて移住したのだろうか。僕は、都内にある若杉さんの事務所を訪ねた。

「あの島はな、最初は神戸の五島組の人間が作ったんだよ。えっとねぇ、一九六〇年代中頃だな」

二〇一七年二月。若杉さんは、その後に組織Dが暗躍したが、それが出発点だと聞いているという。

「で、アンタ、この人知っているか？　山本次郎さん。偶然だけどな、ちょうど昨日、生前、この次郎さんの最期をみとった側近の岩田（仮名）から手紙と写真がきたんだ」

差し出されたのは、半年前に亡くなった旨を知らせる手紙と、その山本次郎さんの写真だった。山本次郎さん……うろ覚えだが、確か数年前に『むちゃもん』なる自伝を出版した、伝説の元ヤクザだ。

「山本次郎さんは、アンタが取材している売春島にカネを出しているはずだ。この人はね、ヤクザを引退して金貸しになり、ヤクザが事業する際、みんなに金を貸してやっていたんだ。だからこの人には、みんながお世話になっているよ。でね、この人の貸した金は生涯、一度も焦げ付きがない。だって殺されたらたまらないもの（笑）。

山本次郎さんは、戦後のヤクザ史において、この人抜きには語れない人。三代目山口組の田岡組長が、当時、たった十数名の組織からヤクザ世界を制圧できたのは、この人を得てからだ。

　当時の神戸は、田岡さんに敵対する組織の組長がいっぱいいた。そうした勢力を押しのけられたのはこの人を得てからなんだ。というのも、この人はな、言うなれば殺しの世界ではナンバーワンだったんだ。下関の〇〇さんっていただろ？　あの人も有名だけど次郎さんの方が腕は上だ。それでこの人が山口組についたら、他の親方らは遠慮しちゃったんだよ。自分が殺されるんじゃないかと思って。

　この人は、田岡さんの描いていた理念に賛同して参加した。でも、後に山口組を批判しただけじゃなく、意見が合わないと、一方的に三行半を突きつけカタギになった。それでも田岡の親分は何も言わなかった。

　繰り返すけど、カタギになってからは金貸しをやったんだ。他にもいろんな商売をしていたんだけど、ある日、稼いだ全ての蓄財を投げうって地蔵園を作った。要するに罪滅ぼしだよな。

　もっとも、なんでこの人がそういう思考になったか。その経緯は知らない。多分、誰かに出会ったんだろうな。地蔵園は、ヤクザ世界の抗争で亡くなった人のためのもの。そこには自分で殺めた人たちに向けて……という気持ちも含まれていたんだろうな。

　下関の〇〇さんは生涯、多くの人を殺しているんだ。海に沈めたり、山に埋めたり。でもこの人はもっとだろうな。私と次郎さんは、その昔、この◯◯さんに気に入れられて……という関係なんだ」

その次郎さんは、誰にカネを投げたのか。

「詳しい経緯は分からないけど、五島組が解散に追いやられていた当時、その元五島組の幹部にカネを出したのが山本次郎さんらだ。その後に地元・三重の組織◯◯◯◯が絡むようになった。要するにね、その当時の日本は高度成長にさしかかった頃で、レジャーが多様化していなかった。今みたいに全国に風俗店が乱立している時代じゃなかったんだ。

その時にね、何でもアリの無法地帯として〝売春島〟を作った。だから噂が噂を呼び全国から好事家たちがあの島を目指したんだ。最盛期はそうだったけど、後にレジャーが多様化して誰も行かなくなった。だから、今はヤクザが見向きもしない島になったんだ」

佐津間さんからは、置屋経営者は四国の人間が多いと聞いている。それが五島組関係者ということか。

「それは分からない。でも、時代が流れて島の支配者が変わっていったんだ。もっとも、元だから五島組の幹部はヤクザじゃない。でも顔は広いわな。

それに、最初は地元のヤクザたちも島の有益性に気がついてなかったんだよ。そして、島に資本を投下してインフラを整備した元五島組の幹部の男がいたってことだよ。

だから、ちょっとした資金で原型を作れたってことだ。いまリゾート開発しようと思えば、少なくとも何百億のプロジェクトじゃない。でも当時は、小さな島だったからそんなレベルじゃなくてできたんだよ。まあ、せいぜい一〇億くらいじゃないかな。

そして〝売春島〟が誕生したってわけだ。そうだな、一九六〇年中頃に島を整備したって聞いたな。その頃にな、まさか島に風俗街を作ろうなんて発想は無かったわけだ。

もちろん東京の吉原や大阪の飛田新地はあったよ。だけど、全国のどこにも旅行に行って一泊してっていう観光スポットがなかったんだ。だから離島で、温泉もあって、海産物も豊富で女も抱ける売春島が時代にマッチしたんだ」

僕は若杉さんに、一九九〇年代からはA組の名前が浮上していることや、女の素性についても尋ねてみた。

「A組はずっと後発。でも、既にもう組織からは手離れしているだろうよ。なにせ、もう旨味がないから。まあ、風俗が出来るまでがあの島の黄金期だよ。全国にさぁ、ヘルスだ、イメクラだと新しい風俗店が出来たじゃない。都会であればその夢がすぐに買える時代になったじゃない。だからあの島の存在価値がなくなったってことだよ。

そうだな、最盛期は一九七〇年から八〇年代だな。ただな、A組がいた一九九〇年代頃にも、かつての利権がいくらかは残っていたってことだよ。でもそれは、日本中から男たちが殺到した時代から比べたら寂れちゃった頃だよ。

　どういう女がいたかといえばね、多重債務者の娘とか、また本人が多重債務者だとか。そういう女はカラダで払うしかないんだよ。ところが都会で働かせたら警察に逃げ込んじゃうだろ？　島は船でしか行き来できないから船着き場を抑えればいい。女の完全管理ができる。だからみんなあの島に売り飛ばしたんだよ」

「五島組は四国や九州にも勢力をのばしていたんですか」

「ああ。五島組は四国や九州にも麻薬と売春の根城を持っていた。というのも、五島組は麻薬専門でね。麻薬と売春がセットなのは分かるよな」

「地元の警察官が島に取り込まれ、そのまま置屋のマスターになったという逸話もあります」

「俺は細かいことまで知らないけどな、そんなこと当たり前だろうよ。まあ、俺はひどい警察官なんていっぱい知っているんだから。

　前にも話しただろ？　なんでシャブの密売組織の親玉が警視庁とツーカーの仲なんだよ。目の前にエサがあればつい目がくらんじゃうんだよ。終戦後、警察は日本の法律を適用しなかったわけだ。中国人、第三国人だとか、ほら、戦勝国だから。

　その時はGHQが日本を統治していたから、占領軍がすべての法律だった。日本の国内法はあってないようなものだった。

だから警察署が襲われたりしたんだよ。全国の警察署長もしかり、家庭があるワケだから配給制では困るわな。だからどれだけの警察署長が暴力団に鞍替えしたと思っているの。東京・新宿に関東尾津組って組織があったんだよ。組長は尾津喜之助さんと言って、私たちが最後に会った世代だよ。幹部のYさんやAさん……俺、みんなにお会いしたよ。その番頭さんたち、みんな近くの元警察署長だよ。これが現実なんだから」

僕はその後、五島組の分裂劇が詳しく書かれた『やくざ対Gメン』（飯干晃一著）を参考に、若杉さんの証言の裏付け作業に入った。そこには、一九五三年に四派に分裂した五島組が、警察やマトリと麻薬の利権を巡る衝突を繰り返し衰退し一九六〇年頃、山口組に吸収されていく様が書かれていた。

山本次郎さんの著書『むちゃもん』には、元五島組関係者への資金提供の事実は書かれていなかったが、これで、少なくとも時代背景と地域性は合致し、そして若杉さんの証言と照らし合わせれば、元五島組関係者が新たな猟場として同様の風待ち港だった渡鹿野島を目指した構図が浮かび上がった。

たしかに、元五島組関係者のような人物であれば、多くの麻薬中毒者の売春婦を見繕うルートがあり、それに山本次郎さんからの資金提供があれば、小さな風待ち港を〝売春島〟へと様変わりさせられただろう。

加えて、さらに取材を進めたところ、元警察官が置屋経営者になった古い新聞記事も発見できた。

その報道内容は、次のとおりだ。


一九七七年一〇月一四日、中日新聞（夕刊）

〈元警察官が売春元締め　志摩の渡鹿野島　少女ら十二人保護〉

暴力団幹部が家出少女らを三重県渡鹿野島に売春婦として売り飛ばしていたことが分かり、十四日、大阪府警は三重県警の協力で、暴力団幹部ら三人を売春防止法、児童福祉法違反などの疑いで逮捕、少女ら十二人を保護した。渡鹿野島は伊勢志摩国立公園の〝夜の観光島〟として知られ、これまでに分かっただけでも少女を含む十三人の女性が売られていた。

逮捕されたのは三重県志摩郡磯部町渡鹿野五一八、スナック経営者、芥川時雄（五二）、芥川の内妻、岡田雅子（三二）と大阪市此花区梅香、山口組系幹部権野忠雄（三一）。

調べによると、権野は、ことし三月三日、大阪市此花区内のスナックで知り合ったA子（一七）に「おまえが妻の衣類を盗んだことは分かっている。警察に言わないかわりに、売春して弁償しろ」と迫り、芥川に百五十万円で売り飛ばした。

芥川はA子を寮に住み込ませ、三月中ころまで一回六千円から二万円でA子に客を取らせていた。

府警がこの日、芥川のスナックの寮を捜索したさい、A子のほか、十八歳と十九歳の女性三人を含む十二人の売春婦が住み込んでおり、全員を保護した。同府警は、いずれも権野が芥川に売り飛ばしていたとみて追求している。

A子は四十九年六月、茨木市内から家出、五十年七月から大阪市此花区のスナックで働いているうち権野と知り合った。ことし二月ごろ、大阪市西成区の権野の妻宅から衣類を盗み、四月三十日、此花署に逮捕され、その調べから権野らの人身売買事件が分かった。

なお、芥川は三重県警の元警部補で、さる四十六年ごろ、岡田と親しくなり、同県警から論旨免職処分にされ、そのまま同島に住みついていた。


一九七七年一〇月一五日、中日新聞（朝刊）

〈〝特捜〟経験逆手に　売春スナックの元警部補　前借りで少女縛る〉
大阪府警と三重県警防犯少年課、鳥羽署は十四日早朝、三重県志摩郡磯部町渡鹿野島、スナック「司」の経営者芥川時雄（五二）ら二人を売春防止法、児童福祉法など違反の疑いで逮捕したが、芥川は四十八年三月まで三重県警防犯少年課に勤め、売春などの特捜班係長をしており、その経験を逆手にとって荒稼ぎをしていた。

昭和52年10月15日　(土曜日)　中日新聞

〝特捜〟経験逆手に
売春スナックの元警部補
前借りで少女縛る

芥川　時雄
岡田　雅子

手入れを受けたスナック「岡」（小路の奥）
＝三重県志摩郡磯部町渡鹿野島で

あくどい芥川

暴走

元警察官が逮捕された置屋摘発の報道記事
（一九七七年一〇月一五日、中日新聞、朝刊）

渡鹿野島はカキの養殖で知られる的矢湾口に浮かぶ周囲六キロ、人口約五百人の小島。旅館、飲食店各十五軒などがあり、訪れる観光客や釣り客は年間ざっと二十万人。その大半が男性で、接客の夫人も合わせて夜の人口が数倍に膨れ上がり、夜の観光島として知られている。

手入れの時、同スナックで売春をさせられていた〝女子従業員〟は十二人。同府県警ではこの十二人と客十人に任意出頭を求めて調べているが、女の中には十八才一人、十九才二人の未成年者三人が含まれていた。いずれも前借り金で縛られ、売春を強要され、もうけは店と折半、芥川は月三百万円も懐に入れていた。

逮捕された芥川時雄は津市の出身で昭

和二十五年十月任官、同警三重地区警察署（現四日市北署）を振り出しにして、三十七年七月巡査部長、四十五年三月警部補、四十六年三月三重県警本部防犯少年課に勤め売春などの特捜班の係長をしていたが、四十八年四月一日、病弱を理由に希望退職した。

しかし、四十六年十一月二十七日と四十七年六月の二度にわたる渡鹿野島の〝売春手入れ〟には特捜班の幹部として参加、このときいらい女性問題を起こしたのが退職の真相といわれる。四十六年秋の手入れでは、岡田雅子（三二）が逮捕され、芥川もこれを調べている。芥川は退職後、岡田と同せい、同島に住みつきスナック「司」を共同経営、管理売春を続けていた。

近所の人たちの話では、芥川は「売春手入れは、警察が船で来るのを見張っていればすぐ分かるから大丈夫さ」と、うそぶいていたといい、警察官時代の経験を生かして巧みに法の目をかすめていた。また、島で〝成功〟してからは、「銀行に預金するよりは得さ」と、銀行利子よりやや高い〝低利〟で、金を貸していた。

第四章
〝売春島〟を作った四人のオンナと行政の思惑

帽子が飛ばされるほど強く、そして寒い潮風が吹いていた。その風は、荒廃したこの島の現状を際立たせるかのごとく、渡し船から降りる数少ない乗客たちの背中を宿へと押していた。

とりあえず、僕は調べた資料を持って、ふたたび〝売春島〟へ舞い戻っていた。二〇一七年二月の中頃のことだ。

実は、佐津間さんに寒川さんら元置屋経営者など関係者を紹介して欲しいとお願いしていて、待つことも考えたが、いまだ色よい返事はもらえていない。

そのルートが途切れつつある以上、島の住民に直談判して話を聞くしかない。芥川さん、〝Kさんの嫁〟……これまで知り得た名前をぶつけてみて、彼らの素性を聞いてみよう。知り得た情報を元に、島の歴史を辿ってみよう。部外者への軋轢が囁かれるこの島だが、案外受け入れてくれるやもしれない。首尾よくことが運べば良いのだが……。

ある旅館に宿泊した僕は、旅路を癒すかのごとく熱い日本茶で出迎えてくれた女将との間合いをはかりつつ、取材を試みた。もちろん、宿泊客には無下な扱いはしないだろうとの計算もあった。

「女将さん、いま置屋は何軒くらいあるのですか?」

「置屋はねぇ、いま二軒です。一軒はスナックで、もう一軒はお店を構えてなくて」

計算通り、女将は島の内情をあけっぴろげてくれた。そして四年前と八年前にも一度、この島を訪れていることを告げると、女将が言う。

「もう三年くらい前からそんな状況ですね。でも八年前ならもう少しありましたよね。置屋は年々、少なくなっています。ウチはここに女のコを呼んで顔見せして選んでもらうのですけど。人数はその日の置屋さんの状況次第ですね。二人くるのか、三人くるのか。もちろんお客さん自身で置屋さんに見に行ってもらっても大丈夫ですし」

この島で生まれた女将なら内情を知っているに違いない。まだ若い女将が適任じゃなかったとしても両親や親戚筋には必ず詳しい人物がいるはずだ。

ここまで話を聞いたところで、僕は身分を隠すことをやめた。差し出された宿台帳の職業欄に「フリーライター」と記入し、それを女将に渡して単刀直入に聞いた。

「女将さん、それにも書いたように実は僕、取材記者なのです。今日は島の歴史を調べる目的で来たのです」

みるみる女将の顔色が変わった。外敵を前にしたように口元を強ばらせ、でも客である以上は無下にはできないといった感じで、先程より低いトーンの声で言う。

「歴史……。フーゾク的なことではなくて？」

　女将からは、明らかに警戒心が滲み出ていた。

「江戸時代から続くこの島の歴史を一冊の本にまとめたいのです。もちろん奇麗ごとだけじゃなく売春のことも書くつもりです。置屋が増えたのは、四国や九州など島民以外の人たちが移り住んで発展させた背景があると聞いて、その事情に詳しい方を探しているのです。二〇〇〇年頃からの行政による観光地化の流れと、それについての島民たちの本音も知りたいのです」

　僕は女将の警戒心を解くため、必死でそう訴えた。もちろん取材趣旨には売春のことも含まれているため、あっさり断られても不思議でない。女将の話によれば、この旅館でも置屋から女のコを呼べるという。つまりこの旅館は、売春のパイプ役として機能しているのである。取材内容に、売春のことが含まれるとしたらそれは、できれば隠したいことに違いない。僕が外敵と分かった以上、たとえ客だとしても協力したくないに違いない。

　が、女将の反応は意外なものだった。

「ちょっと私じゃ説明できないと思うのでぇ……あのね、この島の行政に携わっている親戚の〝叔父さん〟なら詳しいと思うんですけど。その〝叔父さん〟はね、この島で生まれ育っているから何でも知っているんですけど……。ただね、フーゾク的な質問ばかりの取材は断ると思うんですよ。島の歴史も……ですよね？」

　売春の話だけでないとすれば、その〝叔父さん〟に取り次いでくれるという。取材を受ける、受けないは別として。そこで、僕は、江戸時代から続く歴史や行政による観光地化の近代史も知りたいと念を押した。そして、話せないことは話せないでいい。もちろん立場的に名前や肩書きを明かせないなら匿名でもいい、と。

とにかく、島の歴史につながる話を、何でもいいから聞き出すしかない。その情報をもとに、新たな関係者を探し出して点と点を結んでいく作業をするしかない。そんな気持ちで懇願した。

女将の境遇も知りたくなった僕は、こうして売春島で商売をしている本心を尋ねた。

「私と旦那は、純粋にここで生まれ育って、恋愛して結婚したってだけで。でも、ここが〝売春島〟ってことは、いつからか分かりますよね。それが嫌で私は、高校生になって一旦、島を出ました。だけど、まあ、ここが実家ですから、出戻って結婚して旅館を継ぎました」

「なぜ嫌になったのですか？」

「そりゃ嫌じゃないですか、思春期の頃はそういう（売春）島っていうだけで」

「四国や九州から移り住んだ方たちの素性は知りませんか？」

「みんな置屋をするために来たと聞いています。でも私が生まれる前のことなので詳しくは知りません。やっぱり、そういうフーゾク的なことが知りたいのですね。すいません、もういいですか」

女将は、そう僕の質問を遮り、ふたたび表情を強ばらせた。口では歴史や行政の動きを知りたいと言っていても、やっぱり売春のことを知りたいだけなのだといったあきれ顔だった。

「そろそろ仕事に戻りますね」

と言って、部屋を後にしようとする女将に、〝叔父さん〟へ取り次いで欲しいと再度、念を押したが、その様子から、それも叶わないのかもと思わざるを得なかった。

やはり女将に売春のことを聞くのはマズかったか。そう落胆しながらひとりきりになった客室で、女将から聞いた話を取材ノートに書き留めていた。

そんなとき、ふたたび女将が僕の部屋をノックした。その直後、落胆が高揚に変わった。取材を受けてもいいというのである。行政担当者であり、島の歴史を熟知しているというその〝叔父さん〟が。過去の事件取材で、これまで頑だった関係者が重い口を開いてくれたときのように気持ちが昂る瞬間だった。

「島の歴史ですか……。渡鹿野という島は何で知りました？　何年くらい前に来られました？」

「八年くらい前です」

「それは何で知って来られました？」

「雑誌やインターネットです」

「ああ、要するに〝夜の街〟みたいな」

「そうです。言いにくいですが〝売春島〟として……」

「うん、〝売春島〟ってことだよねぇ。それはもう本当に有名になって、全国に広まって。やはり、その、三重県でも県内の〝良からぬ場所〟みたいなひどい言われ方をしたこともあるんだけど。まあ、そんなこと（売春）を『野放しにしているのか！』みたいな突き上げも警察に対してあったらしいし。そういう時代を経てるんだけど、もう、今は昨晩泊まって分かるように廃れましたね。まあ一部ね、ちょっと（売春が）残っている所もあるんだけどね」

意外な反応に僕は、驚きを隠せなかった。恐縮し、言葉を選びながら売春のことを尋ねるも、名前を三橋恭平（仮名、六〇代）というその〝叔父さん〟は、かつて売春産業が盛んだったこと、のみならず、いまもそれが続いていることをあっさり認めたのである。

僕の驚きの裏には、事前調査で得た〈渡鹿野島　買売春の実態を隠蔽〉と銘打たれた、「週刊金曜日」の記事（二〇〇九年）があった。

実は、二〇〇四年夏、渡鹿野島での買売春の実態を批判する書籍が出版されることを事前に知った地元磯部町当局が、「島での買売春は過去の話だ」として版元の解放出版社に猛抗議し、同書『近現代日本の買売春』が出版中止に追い込まれた事件があったのである。

回収騒ぎどころか、そもそも「出版されていない書物です」（解放出版担当者）とのことで、中身を知ることはできなかったが、著者で日本近代史研究者の藤野豊氏はその本のなかで、日本の公娼制度、黙認私娼制度、さらには現代の黙認買売春政策を支える根拠が、性病に対する国家管理政策と地域振興政策だったことを明らかにしているという。その事例として渡鹿野島の実情を紹介したという。

この騒動を取材したフリーライターの寺園敦史氏は、行政担当者は「買売春の実態は分からない。島に行ったこともない」とした上で、こう答えたと記事上で伝えている。

「本の内容を渡鹿野区代表と観光協会に伝えると、今はそんな事実はない。健全な島のイメージで観光客を呼ぼうと努力しているところにこんな本が出されては迷惑だ、という要望を聞いて廃版を求めたまでだ」

そして寺園氏は、「もっともらしい理由を並べて出版の妨害をしておいて、買売春の有無は知らないとは無責任な話ではないか。買売春の実態は知っていたが、行政としてそれを隠蔽するために対応しなければならなかったと考えるのが自然であろう」とまとめている。

その経緯は別として、行政側としては、買売春が行われていることに触れるだけで藪蛇なのだろう。廃版になった経緯の詳細は省くが、その裏では部落解放同盟委員長が動いたという（※同書は後に別の出版社から再販された）。

ところが、である。僕の取材に対し、紛れもなき行政側である三橋さんは、「まあ女のコを置いている置屋さんという店が二〇年ほど前までは八軒。いやもっとあったかなぁ。当時は随分、置屋さんもあったけども、もう今は機能しているのは一軒、二軒やな。それも女のコはもう島には住んでない状態やな。いや、数人は暮らしているのかなぁ」と続け、隠蔽したりはしなかったのだ。

むろん、三橋さんにも言えること、言えないことがあるだろう。だが、こうして〝売春島〟としての今を話すのには、過去の清算はもちろん、この島の現状を正確に伝えてほしいという意味合いが含まれているように感じた。これが、行政に携わる島民の、本音なのだろう。

「その置屋の始まりをご存知ですか。四国や九州の人が移り住み置屋商売が発展したと伺っています」

そう尋ねると、三橋さんはこの島の歴史を紐解くうえで核となる話を始めた。

「移住というかね、四人の女性、四国の人たちだと思うんだけど、あのね、対岸に鵜方って町がありますよね、その四人は鵜方にいた人らみたいなんだよね。どういう理由でいたかは知らないけどね、とにかく四人の女性が鵜方にいて、当時は志摩郡だったけど、近くに『面白い離島があるぞ』と。そういう噂を聞きつけてその四国出身の四人が渡って来たらしくて。まあ彼女らは、おそらく鵜方で春を売っていたんじゃないの」

「えっ！」

　思わずそう腹の底から声を出して驚いた。

「四国出身の女たち……当時は渡鹿野だけじゃなく、鵜方を含めた周辺地域でも売春が盛んだったと聞いています」

「うん。あったでしょうね。だからその四人が渡ってきて、島で自分で（売春を）始めたんじゃない？　始めたらお客が沢山きたから『これは儲かるぞ！』ってなもんだな。他にも置屋関係者は四国出身者が多かったから、おそらく仲間というか知り合いの女のコを呼び寄せて、そのコらを元手にどんどん島で売春を広めていった。それで湧いちゃったんだろうね」

　三橋さんは、鵜方にいた四人の女が、稼げる島との噂を聞きつけ、先兵として渡鹿野島にやってきたというのだ。そして、四人は置屋という城を構え、徐々に仲間を呼び寄せ売春が盛んになっていったのだと。

「その四国出身の四人が来たのはいつ頃か覚えていますか」

「私は島で生まれ島で育ち一六才の時、一九六五年に島外に勤めに行きました。以降は夏休みと冬休みに帰郷する程度でしたが、毎年、帰る度に『島が賑やかになった』という実感がありました。だから一九六五年前半だろうね。僕が島にいた、それ以前は、全くそんな感じではなかった。

いや、全く無かったわけではないか。私が受験勉強をしていた一五才、中学三年生の頃でもけっこう賑やかだったからね。もちろんその彼女らが移ってきたのは一九六五年以降の話だよ。でもね、この島は昔から〝風待ち港〟という俗称で、江戸時代から江戸と大阪を結ぶ航路上の港街だった。だからね、よく天候が悪くなると風よけのため帆船が停泊するのよ。そこから始まってね、よく帆船の乗組員たちがね、渡鹿野に停泊すれば当然、船に乗せる薪や水が必要だったんだよね。この島のお寺の井戸からは全く塩気のない美味しい水が出るんですよ。だからその水を汲んだり、また船乗りたちがその井戸の立ち上げ時にお金を寄付したりとね。井戸には寄進者として船の名前が書いてあったりするからさぁ。

また島の裏側には的矢という地区があって、的矢には渡鹿野より多くの船が停泊した記録が残っていて。壺井栄（小説家・『二十四の瞳』の作者として知られる）の祖父にあたる人物が的矢に住まれていたという歴史があって、自分のルーツを探しに的矢に来たことがあるという。的矢地区には九州、四国、大阪の亡くなった船乗りの方々の、多くの墓標がある。だから歴史を振り返れば、そうした関係から四国や九州の方々が的矢に定着した記録がある。また貧しい島の人たちは、その船乗りたちの相手をすることでお金を得る。渡鹿野の人たちは半農半漁の生活をしていた中で、そうした旨味が江戸時代に構築されたワケだよね。だから歴史の中で住民票を調べれば、当時の人口比率は圧倒的に女性が多いわけ。

というのも、女性たちが島で船乗り相手に夜伽《よとぎ》（主君のため、病人のためなどに、夜寝ないで付き添うこと。女が男の意に従って夜の共寝をすること）などをしていた。その夜伽を鳥羽辺りでは〝把針金《ハシリカネ》〟という。渡鹿野辺りでは〝菜売《なう》り〟というんです。菜売りはね、小さな天馬船《てんません》（甲板がない木製の船）に乗って、畑で採れた菜っ葉や大根などの野菜を船に売りに行くんだよ。

『菜いらんの？』『菜いらんかな？』

そう声を掛けながら船に近づき売ったんだよ。文献によれば、四国の豊島《てしま》にも菜売りの文化があるそうなんだ」

豊島とは、瀬戸内海に浮かぶ、岡山県と香川県の中間に位置する小さな有人離島だ。四国に風待ち港があったのは間違いない。しかも、渡鹿野島と同様にハシリカネの文化があり、こちらでは菜売りと呼ばれていたのだ。四国出身の四人に加え、これも新たな発見である。続く証言に、さらに僕は引き込まれた。

「でも船乗りにすれば、野菜だけでなく、『すまんけどなぁ、服も破れとるから縫ってくれんか？』『汚れた服が溜っているから洗ってくれんか？』と。そうして縫い物や洗濯など身の回りの世話もしたという話だ。はたまた自分の相手（売春）もさせお駄賃をもらったと。それなら菜売りは女性がいい。ということで島の住民たちは多くの養女を受け入れた。その養女を菜売りの仕事に就けさせた。そうした旨味の部分も生活の足しにしながら生きて来た歴史がある」

カネが介在していたかどうかは分からないが、女衒たちがしたように、娼婦は外部から連れてきた養女だったというのだ。

「だからね、元々渡鹿野に住んでいた人たち以外に、菜売りをさせるため養女にもらった人たちも多いし、その養女を気に入り船乗りたちが嫁にもらった。その船乗りが船を下りてこの島で生活するようになったという人もいるし。だから島にはいろんな出所の人たちが暮らしている。歴史を辿れば本来、島で暮らしていた家系は少ない。

土地にしても、昔はもっと狭かったんだから。今でこそ海を埋め立ててこうして少しは広くなったけど。海岸線は一〇〇メートルほど奥まったところだったから。ほら、今でも防波堤の名残りがあるでしょ？　私が幼かった頃は防波堤から前は海だからね。昔はもっと後ろだったと聞いているし。本来は小さな島だし、昔は人口が少なかったと思うのは、この島はね、離島だけにね、神様をよく祀っていたんだな。

私がね、この島は『神様の島だ』という観念ができたのは、『自凋島《おのごろじま》五社《ごしゃ》太神《たいじん》記録《きろく》』という大昔の文献があって、その記録書によれば当時の天皇との結びつきが書かれていた。故に渡鹿野の神社の登記は御料地になっている。御料地と言えば天皇家の持ち物。調べると四カ所ほどあった。だからその四カ所では神様を祀っていたんだな、と。今はもうほとんど払い下げになっていて、残るは一軒だけ。

おそらく天皇家と繋がっていた証拠だと思うんだけど、五世紀の頃かな、反正天皇という方が都での病気の蔓延を案じてオノゴロ島の神様を訪ねたら『ちゃんと神様を祀ってない』というお告げが出た、と。そのオノゴロ島が渡鹿野島になっているわけだよね。

江戸時代の記録によれば、当時の人口は三〇〇人ほど。つまり江戸時代になり海上交通が盛んになり人口が増え、しかも渡鹿野で半農半漁で生活していた人たちに菜売りで旨味が生じた、と。

そういう歴史的背景から昭和に至り、一九五六年、売春禁止法が施行され、その売春禁止法の影響でその後は旅館が残ったんですよ。私の記憶では当時、『大阪屋』や『水光館』という古い旅館があってね、夜になればお客さんらが宴会をする。すると置屋から女のコを呼んで芸者遊びをした。

だから私が中学生の頃には芸者遊びが盛んだった記憶がある。夜になれば野球拳をしている声が聞こえて。それを私は、『うるさいなぁ』と思いながらも勉強の手を止めて覗いていた」

文献によれば、周辺にあった船宿や置屋の数は、最盛期の幕末で八〇軒、遊女の数は五〇〇人以上いたそうだ。渡鹿野島には遊郭が九軒あり、遊女は二一人だったと記されていた。

三橋さんが続ける。

「またその頃は魚釣りが盛んだった。ウチの親父は八百屋をしていたけど釣り船を出した方がお金になる時代だった。そうした釣り客も、夜は宴会で野球拳。そして朝になると釣りに出かけた。

では、なぜ何もないこの島に客が来たかと言えば、実はね、終戦間近の一九四四年頃、三重県津市香良洲町《からすちょう》に航空隊があった。そこには予科練(予科練習生)が駐屯していたのですよ。で、その予科練を渡鹿野に分屯させ的矢湾沿いに潜水艦などを隠すための避難壕をあちこちに掘らせた。特攻のできる二人乗りの回天《かいてん》(太平洋戦争で大日本帝国海軍が開発した人間魚雷であり、日本軍初の特攻兵器)のような、ね。そうした仕事を予科練がするなかこの渡鹿野に五〇〇人ぐらいが泊まった。それも民泊をさせた。

やがて終戦を迎え、五〇〇人の予科練たちは実家に戻り全国に散り散りになった。そして渡鹿野が釣りはもちろん、売春が盛んなことを予科練たちは知っているわけよ。そのため、戦後、その予科練たちが当時を懐かしみ再び島に遊びに来ることが頻繁にあった。予科練たちはもちろん友達を連れて来る。そうした口コミもあって売春が広まったんですよ。

ただし、私が幼い頃は売春があるなんてことは全く知らなかった。置屋があり芸者を派遣していただけで」

〝売春島〟の噂が流布した背景には、そうして遊女たちと遊んだ予科練たちの口コミがあったのだ。他に赤線、青線地帯はあったにしても、開放感がある離島での売春行為に魅せられて、男たちは心を躍らせたにちがいない。

「置屋は、その四人が来る前からあったのですか」

「ありました。置屋は江戸時代からずっとあったんです。でも昔は芸子を置いていた芸子置屋なんです。今のように寝転ぶ（夜の相手をする）芸子だったかは定かではありません。私が実体験として知っているのは芸者遊びをしていたこと。笛や太鼓を『チンチン、ドンドン』と鳴らして宴会を盛り上げる。その名残として実際、使わなくなった楽器をもらったこともあるよね」

三橋さんの話を、二〇一〇年に渡鹿野区より発行された『渡鹿野郷土史』などの文献で裏取りした上でまとめると、次の事実が浮かび上がった。

・江戸時代、ハシリカネは、渡鹿野島だけでなく的矢や安乗といった志摩半島の各所に存在していた。

・スナックを隠れ蓑とした置屋は、島外から移住した（三橋さんによれば対岸の鵜方から移住した）四国出身の四人の女から始まった。置屋は江戸時代からあったが、その四人が移り住む以前は芸子置屋だった。

・置屋文化はハシリカネをルーツとし、渡鹿野では〝菜売り〟と呼ばれていた。その菜売り文化は四国の豊島にもあった。芸子置屋の時代は養女を受け入れ、その養女が船乗りの相手の売春役としてあてがわれていた。

・最盛期の幕末で九軒、昭和初期までは『いろは楼』『環水楼』『宮崎楼』『松鶴楼』『与可楼』『与清楼』の六軒の芸子置屋があった。

・一九四四年頃には五〇〇人の予科練生が渡鹿野島に駐屯し、その予科練生たちが方々に散らばり、口コミで売春島としての噂が広まった。

以上の点をふまえると、この島の売春の歴史には、江戸時代から続く芸子置屋が〝第一期〟だとすれば、一九六五年以降、四国の四人が移り住んで売春置屋が盛んになった〝第二期〟がある構図が見えてきた。

一九五七年に売春防止法が施行され、広島県木江町や豊町の港で、ハシリカネと同義語である、沖に停泊する船員を相手にする「おちょろの妖」や、女を運ぶ小舟「おちょろ舟」が姿を消した、という記述もあったことから、売春防止法以降は徐々に芸子たちが姿を消し、売春不毛の空白期間を経て、それと入れ替わるように一九六五年頃、四人の女が移り住みスナック形式の置屋を始めたのだろう。

僕は続いて、四人が法律を無視した置屋を復活させた島民感情について尋ねた。当然、彼女ら娼婦は招かざる者たちだという反対意見を想像していたが、さにあらず。

「昔から芸者遊びが盛んだったし、〝菜売り〟のために移り住んできた養女も多かった。だから地元の人たちにとって、四国出身の四人が売春置屋を始めても違和感はあまりないんだよね。島民感情としては、忌み嫌うわけでも無く『賑やかでいいな』というおおらかさがあるんだよね。

またこの島には警察署も無ければ、当時は取り締まりもそれほど厳しくなかったから。むしろ島民と一緒になって祭りや運動会に参加したりして楽しんでいた、という思い出がある」

「売春防止法以降の住宅地図を紐解けば、パチンコ屋さんがあったり、ストリップ劇場があったりと、当時の盛り上がりぶりが窺えました」

「私が一六才で家を出て休暇で帰ってくると、その度に島が賑やかになっていった。当時はパチンコ屋が一軒、ヌードスタジオ（ストリップ劇場）は二軒あったよ」

「こんな小さな島にパチンコ、ストリップ劇場、置屋、ホテル、民宿、喫茶店、居酒屋、スナックと、まるで一大レジャーランドのようだったのですね」

三橋さんは、華やかだった当時を思い描くよう、笑みをこぼしながら続けた。

「ねぇ。でも面白いよね、こんな小さな島がそんなに賑やかだったのって。だから島を訪れる人が増えたのはね、そんな噂を聞いた向きが『いっぺん行ってみようか』っていう好奇心からだったと思う。

あっ、思い出した。私が中学生の時にヌードスタジオがあって、ある船乗りの人が石油ストーブを蹴飛ばして大火事になったことがある。それを私は野次馬根性で見に行ったの。犯人はすぐに現場から逃げたんだけど、その船乗りの顔をウチの親父が目撃しているんだよ。遅れて警察が来たときに、親父は『犯人は船乗りのハズじゃ』と言った。それで停泊していた船乗りすべての身元を洗って、親父が『この人じゃ！』といって犯人を捕まえたということがあったよ」

「そうして発展したのは、来客の増加はもちろん、同時に島の有力者だったKさんが島民にお金を貸してホテルや商店をつくる手助けをしたのが発端だったと、聞いています」

「おおっ、高木さんはKさんのことも知っているのか。島の人たちに貸したんじゃないと思うけど……。まあそのKさんは、女房が四国出身の四人のうちの一人だったわけ」

「えっ、たしか奥さんは……○○○○さん（〝Kさんの嫁〟の本名）」

「そう。今でも（置屋を）やっているよ。もう残っているのは○○○○（〝Kさんの嫁〟の本名）

さんだけ。後の三人の店は全部潰れた。島には住まず、鵜方に家を建てて島に通いながら商売しているよ」

「だから島の有力者としてKさんの名前が浮上しているのですね」

「そう。Kさんはそれ（売春）でお金をガブガブと儲けたから。昔は『朝潮』という老舗のホテルがあったんですよ。

　Kさんは、その『朝潮』ホテルにも大金を貸していたって話やわ。まあ金貸し業を生業としていたわけではないけど、カネを貸して島の発展のきっかけの一つになったのはあながち間違いじゃないかもしれないね。とにかく大金を持っていたから。置屋でベラボウに儲けたわけ。聞けば、四国の自宅にまで国税庁が入ったそうだから」

「Kさんはいい人だったと聞いています」

「うん、いい人だった。ヤクザでも悪い人でもなかった。だから島の人らと馴染んでいってね。またその四人のうちのある人は『つたや』という大型ホテルを建てた」

「女将の岡田雅子さんですよね」

「驚いたな。岡田さんのことも知っているのか。それで旦那さんが元警察官の芥川さんでしょう。二人は置屋の内情を調べに来ているうちに一緒になって、後に『つたや』を建てた。

また『水光館』も置屋をやっていた女がお金を貯めて建てたんだけど、ホテルは稼働もろくすっぽしないまま倒産させて逃げちゃった。後に『水光館』は『つたや』のママが買うているんだけど、それも行き詰まって潰れた」

「岡田さんは四人のウチの一人。つまり元は置屋のママだった、と」

「そう！　〇〇〇〇（〝Kさんの嫁〟）しかり、置屋のママであり働いていた娼婦だった」

「報道によれば一九七七年、芥川さんは逮捕されました。その後に『つたや』が出来る、と」

「そうだね。僕が島に帰ってきたのが一九八〇年だから、その後だったな。その頃はまだ『つたや』の場所は平地だったからなぁ」

「昔の住宅地図を見ると、現在地の向かい側あたりに『つたや』という屋号の旅館がありました。それが当時は置屋だったのですか」

「いやぁ、そんな旅館あったかなぁ……。そこに移転前の『大阪屋』があったことは覚えているけどね。『大阪屋』は昭和の瓦屋根の時代にそこで旅館をしていたんですよ。それを『つたや』に売ったんだ。売って、自分は現在『H』が建っている土地に移って大型ホテルに鞍替えしたんだよ」

「『つたや』は日本人の娼婦が多かったと聞いています」

「女のコ？　実はね、一九八六年頃から台湾のコが入ってきた。それ以降、各置屋は『安く使える』と、こぞって東南アジア系の外国人を使い始めた」

〝売春島〟へ外国人女性が流入するようになったのは一九八五年以降のことだ。そして一九八九年にフィリピン人、タイ人と続いたという。最盛期には数十人のフィリピン人が住んでいたというが、それと入れ替わるように一九九〇年頃、タイ人が入ってきた。そして、今もタイ人は少数ながらも〝売春島〟で娼婦をしている。それは、対岸の鵜方駅周辺にタイフード食材の専門店があるなど、タイ人たちの生活基盤があることでも分かる。

「でも『つたや』はほとんど外国人を入れなかった。言い換えれば日本人のコらを入れるルートを持っていたとも言えるけど……」

「『つたや』さんは、A組とのパイプであり、そのルートで日本人のコを入れていたそうです」

「あ、そう。それは専門じゃないから分からんけど、まあ『つたや』のママはヤクザの方々の宴会を受けたりしていたからね。だからね、実はこの島には『暴力団を入れないようにしよう』と申し合わせたにも関わらず『つたや』のママが宴会を受けたということで、旅館組合が省きにしたんだよね。

そういう経緯が三〇年くらい前、昭和の終わり頃にあった。旅館組合が出来たのは『つたや』ホテルが建ってから数年後の話だからさぁ」

「未成年を多く扱い、また逮捕歴も多い『つたや』は異端であり、旅館組合にとっては目の上のタンコブのような存在だったということですか」

「うーん、『日の上のタンコブ』という言い方でいいのかしらんけど、とにかく『つたやさんを省こう』という動きがあったのは事実だよ。当時も今も○○○○（〃某大型ホテルの社長さん〃）が旅館組合の会長です。で、その○○○○（〃某大型ホテルの社長さん〃）が浄化というか、暴力団排除を強く押し進めていた。それで『つたやさんを省こう』と決断したのも○○○○（〃某大型ホテルの社長さん〃）。それに『つたや』さんは強く反発していたよね」

「島には暴力団の組事務所はないですよね。観光で来ることはあっても」

「うん。組事務所はない。ただ女のコに付いているヒモ男は何人かおって。島がカネ回りがよかった頃にはね、周辺には伊勢志摩連合などのヤクザ組織があって、そこに出入りするようになった人がそのヒモ男の中にいたよね。

その男らが盆暮になると盆栽を『買うてくれ』と売りにきたことはあったよね。まあ、それまで女のヒモをしていた程度で、そんなに悪い人間ではないっちゅうことがあったんで、まあ、付き合いとして盆栽を受け入れていたっちゅうことはあるけども」

三橋さんは、ヤクザの存在についても包み隠さず話した。おそらく彼は、本当にA組の存在を認識していないのだろう。そして僕が、「この島は私有地しかないので警察署が建てられない」という噂を聞いたと尋ねると、彼はこう否定してみせた。

「そんなバカなことない。あのね、警察署や派出所を建てるにはある程度の人口が必要なんです。私が『ここに建ててくれよ』と言ったんですが、行政から『ここは人口割れしていますから無理です。いまある派出所にしてもそう簡単には移動させられません』と言われたことがあるんよ。昔は的矢に派出所がありました。でも今は磯部にしかなくて。

私は、渡鹿野の置屋の摘発が相次いだその昔、『そんなに取り締まるならここに（派出所を）置いといたらいいやん！』と言いました。『なぜ置かないの』と聞けば、『人口割れしていますから。規定で決まっていますから』と」

「岡田さんが経営していた『つたや』も『パラダイス』も行き詰まり、競売にかけられ県外の方が落札しました。でもいまだ借り手が現れず塩漬け状態です。観光地化を勧める動きの一方で疲弊するホテル、置屋、スナックなどが目立ちます。『つたや』さんを追い出した暴力団排除の動きは共通だとしても」

「〇〇〇〇（〝某大型ホテルの社長さん〟）が観光協会や旅館組合の会長をしていることもあるんだけど、とにかく、いつまでも夜の街だけでやっていけないだろう、というのがみなの合致した意見なのよ。もちろん全員じゃないけど、『しょうがないよね』という賛成多数の意見としてね。

一方、もういちど女のコの商売を『徹底してやるのはどうだ？』という意見もあるのよね。

しかし時代の流れを見るとね、何回も摘発されて、島の悪い評判が流れて、『いつまでも悪いこと（売春）だけでは生きていかれないじゃん』という認識が徐々にできてきて。だから『方向転換しようや』と風向きが変わり、今や置屋さんがご覧の通り廃れて来ているわけで。もちろん復活させる必然も必要もないし。それで自然豊かで『クリーンな島』だということで売っていこう、ということで今に至るんだよね。〝夜の街〟というイメージは表に出さないようにしよう、払拭していこう、と。

そうした浄化の声が二〇年ほど前から出てきて、今はクリーンな島になりつつあるとは感じているけどね」

前述したように、〝売春島〟のイメージを払拭する取り組みはもう、一九八八年の『三重サンベルトゾーン』構想から始まっている。二〇一二年には、わたかの島観光協議会と行政が連携し、『渡鹿野島安全・安心街づくり宣言』を採択する。カップルや家族連れなどの観光客誘致を推進する内容だ。

「資料を見れば、一九九〇年頃から行政による浄化の流れが始まっています。それは旅館組合など島民たち主導だったということですか」

「もちろんそうだよね。まず島民らの声があり行政と歩調を合わせてきた。行政も浄化を望んでいるし、島民も『しょうがないね、クリーンにしないとね』と。

だから昨年もやったけど二年に一度、鳥羽署員に来てもらって『活性化推進会議』という名の『浄化対策』会議をやってね。行政も島民も認識はほぼ合致しているよね。だから我々も渡鹿野の未来図を模索するため四年前、三重県（行政）と相談してさぁ。県に『南西地区活性化推進室』ができて、私は、ぜひ渡鹿野を『モデル地区にしたい』と訴えた。対して行政は、『じゃあ受けましょう』ということで。

それで四日市大の学生たちを送り込んでくれてね。私は学生たちに『渡鹿野の将来の方向性を提案してくれ』と課題を与えた。それで島を散策したり、島民らと意見交換するなかでやはり、『クリーンなイメージでの観光しかないですよね』という結論なんだよね。

それでホームページやSNSを使って渡鹿野情報を発信し、良い情報、明るい情報を発信することによってかつての暗いイメージを払拭していこう、と。三年前から年一回のペースで『ウォークラリー』を実施し、渡鹿野の全てを知ってもらって。そうして明るい情報発信に力を入れているんです」

「かつては売春島という負のイメージを隠そう、隠そうとしていたように思います」

「まあ、ある意味ね。でも隠そうとしても隠れないよ。だから過去は過去でしょうがない。そういう時代があったということは認めた上でね。だから○○○（〝某大型ホテルの社長さん〟）なんかは家族連れ客、年寄りの団体客が増えるなど実を結んでいるよね。料理の評判も良いしね」

「そうですね。どのホテルや旅館に泊まっても美味しいです」

「これは志摩市全体に言えるんだけど、情報発信が下手だな、と。僕ら住んでいる側では気がつかないんだよね。だから若者に来てもらって、渡鹿野の『ここはウリになりますよ』と気づかせて欲しいんだよね。

いま志摩市と交渉しているのは、総務省が『地域おこし協力隊』という方針を打ち出していて、それに渡鹿野も『入れてくれ』と。それが今年に入りやっと実現した。『地域おこし協力隊』の最終目標は、県外から来た協力隊員が地場に住める状態にまで持っていくこと。そのため、島で『店を開いて欲しい』と要請しています。

それは土産物屋でもいいし、ちょっとした居酒屋でもいいし。そうした意欲のある人に来てもらって、島の良い情報を発信してもらいたいと願っているんだよね」

「わたるくん、かのんちゃんという『ゆるキャラ』もその一貫として」

「そう。今はキャラクター時代だからね。ゆるキャラは大学生の発案で、ツテを辿って作ってもらったのが〝わたるくんとかのんちゃん〟なんだ。グッズも何もない。まだ使い方を考えていこうや、という段階だけど。

また『音楽会もやろう』と。昨年は祭りの前の日に地元のミュージシャンを呼んだり。一

四日市大の学生たちの発案により生まれたゆるキャラ「わたるくん、かのんちゃん」

昨年も『パールビーチ』でやったんだけどね。離島での音楽祭はイメージが良いらしいからね。ロケーションも良いし。手っ取り早い客寄せだと思っている。

　ご覧の通り島は年寄りばかりになっちゃった。だから、なんとかね。伝統ある『天皇祭』にしても大変で」

「天皇祭は青年部が尽力されているのですよね」

「青年部なんてもう、ない。だって青年がいないから。天皇祭では神輿を担ぐんだけど、その担ぎ手が最低六人はいる。うち地元の人間は二人。後の四人は借出し。そんな状態だから祭りを開催するにも一苦労だよ」

「島育ちの若者は出てしまうんですか」

「そりゃ島には仕事がないもの。もちろん旅館の跡継ぎなどは残るけど。とにかく、仕事が無ければ他所に求めるしかないから。

もう高校進学時に出て一人暮らしを始める。一旦出れば帰ってくることは皆無に等しいですよね。過去には志摩高校に通いのコもいたけど、伊勢に行けば距離的にもほとんど下宿だから。仕事があれば戻ってくる可能性もあるし、逆に他所から移り住んでくる可能性もあるけど」

「昔のように釣り船を出しても仕事にならないのですか」

「もう釣り船の要請が丸っきりない。だからみんな手放したよね。少しだけど筏釣りの客はいるね。海岸沿いに筏が浮かべてあるでしょう。あれは釣り筏なんだよね。船で筏まで運んで、時間が来たらまた迎えに行くという」

「漁業、農業も……ダメで」

「農業は年寄りが家庭菜園でやっている程度。漁業はナマコと青のり。その青のり養殖業でも二軒あるだけ。あとは牡蠣の養殖をしている人が四～五人。でも牡蠣だけではメシを食っていかれないから他に仕事をしながら、ね。ナマコは定年を迎えた余裕のある人たちが小遣い稼ぎしているだけで、漁師はいない。まあ、そもそもこの島に漁師がいないんだよ。船が無いっていう実務的な問題で。やっぱり資金が必要だから。

またこの辺には市場がないでしょう。つまり捕ってきてもカネに換える場所がないから。ホテルや旅館に卸すにしてもわずかだし、それに、定期的に捕れるワケじゃないからさぁ。だから渡鹿野の漁業組合は魚を扱ってない。もう、この島には旅館業に携わるくらいしか仕事がないというのが一番の問題だよね。だから若い人が居着かず年寄りだけの島になった。これから先はどうやって生きていくのかなという心配がある」

「〇〇〇（〝某大型ホテル〟）さんみたいに温泉を掘るとか」

「うん。〇〇〇（〝某大型ホテル〟）さんが温泉を持っているんだからさぁ、それを分けてもらえるようなシステムを作ればねぇ」

「足湯や公衆露天風呂を作るなどの考えは……」

「公衆露天風呂を作れば今より良くなるやろなぁ。まあ〇〇〇（〝某大型ホテル〟）さんとしては、自分のところの客のお金は全部、自前の施設内で落として欲しい。その為に飲み屋やレジャー施設を併設して全部、自分のところに取り込む形で営業しているからね。

その考え方は旅館さんも同じ。系列のスナックなどを作ってね。だから外を歩かさないような運営形態なんだよね。

だから周辺商売があまりお金にならない。もっとも土産物屋をしても〝渡鹿野〟と書いてある名物は昔のイメージから敬遠されることが多いんだけど。昔ね、ウチの妹が土産物屋をやっていたことがあるんだけどあまり流行らなかったな」

「Kさんは四国の方なのですか」

「それは俺も知らんな。でもね、昔に国税庁が入ったとき、実家が四国にあるっていうのは聞いた。というのも、国税庁は一斉に入るから『四国にも入ったらしいんや』とは聞いたよ。
一九八五年ぐらいやった」
「島の景気の絶頂期ですかね」
「いや、もう下りかけていた頃やろ。僕が一九八一年に帰ってきたとき、ちょっと前までは
もう『メイン通りは黒山の人だかりやったで。頭しか見えへんのやで！』と聞いて、僕は『そ
んなにお客さんおったんか！』とビックリしたのを覚えているから。俺が帰って来た時に道
路が見えへんまでではなかったから。でも、まだまだ当時は賑やかだった」
「一九八五年と七〇年頃とではどちらが栄えていたのですか」
「もちろん一九八五年やろ。通りはスナックだらけだったしさぁ」
「では一九七〇年以前はそれほど大っぴらに置屋商売（スナック）をしてなかった」
「ないない。僕が家を出る頃は〇〇〇〇（〝某大型ホテル〟）だって瓦屋根の旅館。いまの『つ
たや』や『はいふう』がある場所にしても、埋め立てただけの平地だった。他には『水光館』
というこれまた瓦屋根の旅館があっただけで、あとはみな民家。その民家の間に瓦屋根の芸
者置屋が数軒あっただけで、スナックなんて無かったんだから」
　僕は持ってきた一九六八年と七二年の住宅地図を、「確かにホテルもスナックもありませ
んね」とその場で広げた。では芸子置屋はどれかと尋ねると、三橋さんは、老眼鏡を掛け、『大

阪屋』と書かれた箇所を指し示しながら説明した。

「地図では個人宅になっているけど、この『大阪屋』の斜め奥が芸子置屋だったよなぁ。私が小学生くらいの時に芸子さんを何人か置いていた。一軒、二軒……『ミシマ』という芸子置屋もあったから三軒くらいかなぁ」

僕は、その置屋という単語の響きから、その昔も巷に流布する連れ出しスナックのような形態の店を思い浮かべていた。屋号があるスナック形態の置屋ができたのは、四国の四人が移住してきた一九六五年以降。つまりその前は、個人宅の名前で経営する芸子置屋だったのだ。三橋さんが言う。

「とにかく、昔は飲み屋じゃなくて女のコを置いているのが置屋さんだった。芸子置屋は、二階建ての大きめの木造住宅だった。玄関を潜るとさぁ、すぐに階段があるんだよ。その階段を上がった二階には女のコの部屋があって。飲む場所なんて何もないよ。

だから当時はその地図通りだよ。置屋であっても地図には置屋と書いてない。あと、これも地図では個人宅になっているけど、中身は商店の家もあったよ。『キクスイ』『ワヘイヤ』……雑貨を置いていて、四角いテーブルが二つほどあって、そこでうどんが食べられた」

「三〇年前、うどん屋に住み込みで内装業をしていた人にも話を聞きました」

「それは『キクスイ』やと思うな。二階に空き部屋があったから」

「そうして養女を受け入れるほど島が売春で栄えてきたので、Ｋさんの資金もありうどん屋などの商店もできていったんですね」

そう僕が尋ねると、あるファイルに収められた一枚の写真を指差し、三橋さんはこう説明した。

「一九三三年の風景や。これが『大阪屋』。そしてこれとこれが『水光館』と『〇〇〇〇（〝某大型ホテル〟）』。『〇〇〇〇（〝某大型ホテル〟）』しかり、今のような鉄筋コンクリートのホテルじゃなく、みな木造で瓦屋根の旅館だった。『〇〇〇〇（〝某大型ホテル〟）』の先代は大阪から来た人でねぇ、確か絵描きだったと聞いている」

「当時の『〇〇〇〇（〝某大型ホテル〟）』や『大阪屋』は、どんな客層を相手に旅館業をやっていたんですか」

「この頃の観光と言えば釣り客ぐらいやわな。もちろん売春もあったと思うけど。でも昔ね、この島を『東洋のモナコにしたい』という話があったそうなんだ。フランスのモナコと言えば、カジノの盛んな地域だ。だから競艇を作る話もありましたよ。

あとね、昭和初期にね、上山草人《かみやまそうじん》というハリウッド俳優がいたんだよ。で、上山草人が渡鹿野に来て、風光明媚なこの島を気に入り『住みたい』といいだしたそう。それで当時の渡鹿野青年団が上山草人の別荘を造ったそうなんだ。

渡鹿野観光開発期の人々。上山草人を囲んで

上山草人は谷崎潤一郎と懇意にしていた人で、谷崎潤一郎もまたこの島を気に入った。

他にも昭和の名俳優、北大路欣也の父親・市川右太衛門や喜劇俳優の伴淳三郎《ばんじゅんざぶろう》。彼らも島に来て泊まっているんだよ。だから昭和初期の有名人が愛した島なんだよ。

なぜこの島を知ったかは分からんけど、こうして有名人が愛したほど昔から有名な島なんだよね。だからモナコの話が先にあり、昭和になってから競艇場の話が持ち上がった。いまの『○○○○（〝某大型ホテル〟）』の建っている場所から『○○○○』ホテルの場所までを埋め立てしたのは、その競艇場を造る為だったらしい」

ファイルを捲ると、対岸の的矢地区の古

海岸線を埋め尽くす帆船群。“菜売り”の活況ぶりが窺える

い写真があった。

見れば菱垣廻船や樽廻船と言われる、江戸と大阪を行き来する多くの帆船が、海岸線を埋め尽くすように停泊している様子が写されていた。

聞けば、渡鹿野島より的矢の方が停泊する船が多かったそうだ。当然、ハシリカネ（＝菜売り）も行われていたという。この写真が周辺地域でも売春が行われていた事実の裏付けになった。

さらに捲ると、愛知県の湾岸と渡鹿野を航路で結んだ日東航空の水上飛行機の写真もあった。

芸子置屋の写真もあった。三橋さんによれば、おそらく明治時代だという。和装に文金高島田の女性たちが欄干から手を振っ

日東航空の水上飛行機

ているその様は、一九六五年頃まで続いたのだ。

釣り船が盛んだった頃の釣り船組合のメンバーの写真の中央には、制服を纏ったキャンペンガールまで。東洋のモナコ化計画が浮上するほど風光明媚なこの島には、売春を燃料に、多くの観光客が来ていたことだろう。

まさに飲む、打つ、買うの、なんでも御座れ。もし競艇のようなギャンブル場ができるなどさらなる発展を遂げていれば、まさに〝夢の島〟だったに違いない。

地図や文献からは見えてこなかった島の遍歴を埋める作業をする僕にとって、この三橋さんの証言は、これまで霧がかっていた歴史を晴れやかにした。

終戦後の観光産業を支えた釣り船のメンバーとキャンペンガール

しかし、同時に新たな疑念も萌芽した。四国出身の女たちは、どんな事情で渡鹿野島に来たのか。どうして置屋を始めたのか。裏では、若杉さんが証言する、山本次郎さんや元五島組関係者など、本当にヤクザが暗躍していなかったのか。

売春という裏稼業にヤクザが絡むのはもう、周知の事実と言っていいだろう。行政側であるが、一方で一般の島民でもある三橋さんが知らない事実があるに違いない。それは、ブローカーなどに聞いた、これまでの取材結果からも揺るぎない。

「売春のことを避けては通れません。それだけは理解してください」

僕は、最後に三橋さんにそう確認した。

昔の明月楼。かつては木造二階建ての遊郭が点在していた

ともすれば売春の事実を隠したいはずの三橋さんが、島の良い部分を伝えたかったにせよ、暗部についても穿ろうとしている僕に協力してくれた。三橋さんに対しては感謝しかなかったが、なんとも違和感がありありだったのだ。

「ええよ。ただしね、今はもう『盛んじゃない』ことも書いてください。事実を正確に伝えてください」

そう釘を刺され、僕は島の現状を正確に伝えることを了承し、この場を後にした。そして、新たな取材対象者、『四人のオンナを知る人物』を求め、また売春島を彷徨うこととなった。

第五章　元置屋経営者の告白

一、四人のオンナの素性

志摩市内にあるうらぶれた喫茶店で朝、男を待った。果たして現れるのだろうか。夕方過ぎに〝売春島〟を後にして、付近のビジネスホテルで一泊した僕は、興奮と不安が入り乱れるなか寝付けず、ほぼ一睡もしないまま約束の時間より一時間も早くコーヒーを口にしていた。二〇一七年二月末のことである。

「ああ、話は聞いているよ。明日の午前中なら大丈夫ですよ」

前日の昼間、男は電話の向こうで一応はそう了承した。それでも半信半疑だったのは、男は、かつて売春島でシノギをしていた元ヤクザだったからだ。たとえ過去のことであっても、そうして組織に身を置いていた人間が内情を話すとは思えなかったのだ。

男の名は寒川総一郎さん（仮名）。彼こそが、佐津間さんが話していた元A組の男。僕が探し求めていた〝元置屋経営者〟だった。

今から二五年前、寒川さんは売春島で置屋商売を始めた。それから一昨年に至るまで、閉めたり、また再開したり、断続的ではあるが売春島に関わり続けていたのだ。よって、これまで取材した誰より売春の実態や島と暴力団との関係を知ることになる。

僕は、偶然知り合ったある女性から紹介を受け、寒川さんに連絡を取った。「ご挨拶だけでも。また話せないことは話せないで結構ですから」と言う僕に対し、寒川さんは件のように快諾してくれたのだ。

タバコに火をつけ、一息ついた。そして、これまで知り得た情報を反芻するなか、扉を開く男が目に入った。初対面だが、その屈強な姿から寒川さんに違いない。

「寒川さん……」

僕は立ち上がり男の目を見ながら頭を下げた。そのアイコンタクトで男も軽く頭を下げ、引き寄せられるように僕の前に着席した。

「渡鹿野の話なんて世間は興味あるんかねぇ。もう組織は解散しているしそれに、過去のことだから何でも話すよ。で、どんなことが知りたいんですか？」

男はそう言った。大柄で強面、サングラス越しからは鋭い眼光が覗くが、ヤクザ世界である程度の地位を築いた者が時おり見せる優しさがうかがえる。そして、男が所属していた組織は既に解散していると聞き、だから取材を了承してくれたのだと分かり、ひと安心した。

聞きたいことは山ほどある。〝売春島〟とヤクザとの関係、元警察官の芥川時雄さんと岡田雅子さんとのこと、四国出身の四人の女の素性……そして、寒川さんが置屋を経営してから今に至るまで。今から、これまで表にでなかったこの島の真実が語られるのだ。

前述したブローカーの話を下地に、元置屋経営者である彼の話で色づけすれば管理売春、人身売買の実態が見えてくるはずだ。手は、高揚感が抑えきれず小刻みに震えていた。そして溢れ出る質問を頭の中で整理しつつ、まずは島に関わるようになった経緯から取材を始めた。

寒川さんが置屋を開業したのは、バブル崩壊直後の一九九〇年代初頭。すでに『つたや』などの大型ホテルが建ち並んでいた。

これまでの取材で、最盛期は一九八〇年前後と判明している。大型ホテルの建設ラッシュは一九七〇年から八〇年にかけてのことで、既にパチンコ屋やストリップ劇場はなかったというから、景気は少し下り坂の頃だ。

「きっかけはね、やっぱり組織なんです。同じ組織のA組がね、島に頻繁に出入りしていたんです。本家の人間がね、ゲーム機を置いたポーカー屋や置屋などの店を既にやっていた。もちろんカタギの人間を雇い直接は手を下さない形でね。まあ、そうした直営店が島にあるほどA組は島との関係が濃かったんです。

その一軒の直営スナックを閉めることになり、『お前、地元やからやらへんか』と上の人間から打診があったんですわ」

それで渡鹿野島で売春置屋を始めたという。

驚いた。『つたや』以外にもA組が関わり、そして、直営店やポーカーゲーム屋まで構えていたなんて。それほどA組は島の暗部にまで巣食っていたことになる。

手打ち時代のパチンコ屋は姿を消し、代わりに非合法のポーカーゲーム屋が営業していた。ちなみに、一般客でも遊べたが、基本はギャンブル狂いの娼婦たちのための鉄火場だったという。僕は、逸る気持ちを抑えつつ、A組が売春島に関わり始めた年代から精査した。

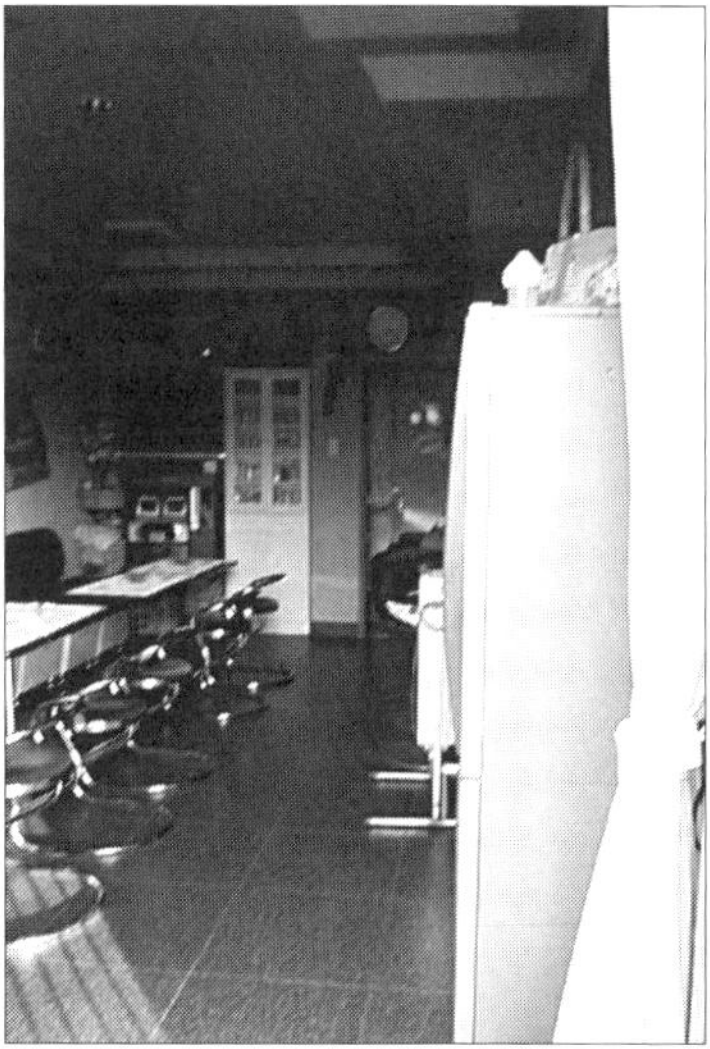
寒川さんが営んでいたものとは別の、置屋の内部

「A組が置屋をやり始めたのはいつ頃からですか。もちろん女のコも斡旋していたのですよね」
「はっきりした年月は分からないけれど、私が商売する一〇年ほど前だったと聞いています。その前から女を入れる女衒商売はしていたらしいから、もうバブル期以前から携わっていたのかもしれない。

奈良県に○○○○市ってあるでしょう。ここにも置屋があり売春が盛んな地域でした。そこから連れてきていたコが多かったそうです。A組は、その置屋街の仕切り屋でしたから。売春婦に触れれば、やっぱりヤクザも絡んできますからね。だから島で商売するようになったんです。

もっとも、地元の鳥羽にはCという老舗のヤクザ組織があり、以前からその下部組織が渡鹿野島を仕切っていました。後にDに吸収されましたが、その上部団体がEです。Dは、Eが直参に上がったときにBを吸収したんです。それで他のヤクザ組織の介入は拒絶していましたが、『つたや』との関係でA組だけは『まあええやろう』と。だからCとA組だけしかあまり、島では商売していません。もちろん他にも組織はありましたが、いくら地元のヤクザといっても入っていけなかったのです」

「島民によれば、女のヒモみたいなヤクザがいたと」

「その人らがBのヤクザです。嫁に置屋をやらすとか、自分たちで置屋をやっていました。で、組員の女に客を取らせて働かせていたりだとか。

組事務所？　表向きは民家やけど、事務所みたいな形で数人で住んでいましたよ。それらは二〇〇〇年頃まで島で商売していました。でも、私がヤクザだったから知っているだけで、恐らくカタギの人は内情までは把握してなかったのでしょう。もちろん、私もヤクザであるに組織Dが仕切っていたという話は、実際には下部組織であるが、本当だった。
〝売春島〟と山本次郎さんの関係を話してくれた若杉さんから聞いた、旧五島組関係者の後身分を隠して商売していましたから」

そこまで聞くと、「えっとね、置屋は一昨年にヤメたんですが、最後の一回は現役じゃなかった。二〇〇九年に現役を引退し、四年ほど刑務所暮らしを経験しました。出所後の二〇一三年から一昨年まではカタギとしてでした」と寒川さんは自嘲気味にこぼした。

男が売春島に来た一九九〇年代初頭、置屋はホテルの依頼のみで宴会に派遣する無店舗型が二軒。他は店舗型で、スナックと併用している場合と、そうでない場合とがあるが、『ラブ』、『ミマセ』、『ソノ』、『アサコ』、『青い鳥』、『S』、『M』などなど、合わせて一三軒ほどが営業していた。各置屋にはそれぞれ売春婦が所属し、一番多かった『青い鳥』で一五人強、『S』と『ミマセ』に七～八人、他は三～五人。居抜きで始めた男の置屋は、A組から引き継いだ三人の、三〇代のフィリピン人だ。

一回目は別件で捕まり約二年で閉店。出所した七年後、今度は独自のルートでタイ人の売春婦を見繕い二回目を始めるが、逃げたり国に帰ったりの紆余屈折があり、これも、二年ほどで閉店。黒字だが、新たに女を入れるなど本腰を入れるほどは儲からなかった。

そして三回目、再々チャレンジで成功し、年に一五〇〇万ほどの実入りが。二〇〇四年頃のことだ。

「置屋商売のキモは、やっぱり女です。儲けた三回目は日本人だけで運営していました。外国人もいいけど日本人には負ける。特に若い客は日本人と遊びたがるから。

三回目と四回目の最初の時期は二〇代後半のコを使ったんですが、このコは稼いでくれました。見た目はもちろん、ちょっとした策が当たりました」

三回目までと違い、単に店を構えて女を並べるだけではなかったという。

「四回目は店舗を持たず、女をスナックで働かせながら客を取ったんです。私は居酒屋で飲みながら客が来るのを待っていて、暇な時はそのコを居酒屋に呼んで一人で座らせたりもしました。すると他の飲んでいる客から『あのコ、イケるの？』と言われてね。

それに味をしめて、この手法でずいぶん稼がせてもらいましたね。だから宴会に派遣したり、置屋で客を待っているだけじゃなく、いろんな売り方があるんです。

他にも私がポン引きとなり直接、客に声をかけるときもあれば、渡し船の船長からの紹介ルートもある。三回目は置屋が七〜八軒、四回目は三〜四軒にまで置屋が減るなど景気は悪かった。でも、そうしたアイデア次第で、まだまだ稼げる島だったのです」

それほど美味しいシノギだったが、二年後、別件で収監されて閉店を余儀なくされる。男の逮捕は「島とは関係ない」そうだが、報道によればこの時期、置屋経営者のS、京都の暴力団組員・Mと、多くの置屋関係者が逮捕されている。

「ああ、知っているよ。Sさんは『トモ』という大きな置屋のオーナーだった。またヤクザのMは多分、フリーの客引きじゃないかな。渡船場の駐車場で張っていて、客が来たら『女のコを紹介しますよ』と斡旋するヤツが一人いて、その男もパクられていたから」

なんと島外にまで客引きが溢れ出していたのだ。少しでも島の利権のおこぼれをもらおうと、有象無象の人間たちが集まっていた。それはタクシー業界にまで及び、運転手は渡船場に運ぶ最中に客を口説き、客をホテルや置屋に紹介、その謝礼として数千円を手にする小遣い稼ぎをしていた。そのアルバイトだけで、日に一〇万ほど稼ぐ運転手もいたというから驚きだ。

こうして我が世の春を謳歌した男は一昨年、置屋稼業から足を洗った。きっかけは二〇一六年五月のサミットだった。

「警察の取り締まりが厳しくなると分かっていましたから。もっと言えば、最後に雇っていたのはビザのないタイ人たちでした。検挙されるのは目に見えていますよね」

では、どうしてリスクを承知で外国人を使ったのか。男はその理由について、「日本人を雇う術がなかった」ことに加え、もちろん「メリットもある」と続けた。

「一つは安くく使えるから。またもう一つには、昔の日本人が持っていた優しさ、気遣いというのかな、そういう人間味を持っていたからです。

中高年がフィリピンパブにハマるのと同じ原理で、ただセックスするだけじゃなく、手をつなぎ、寄り添い、多少のセクハラでもノリ良く受け入れる……商売オンリーじゃなく、ね。そうした恋人接客ができる部分で客に喜ばれるんです。

彼女らは温泉地など、渡鹿野と他の売春地帯とを転々としながら働いています。繁忙期は住み込みで働くが、暇になると、島を出てスナックで働いたり、他の地域の売春街に行ったり」

それは、だれが斡旋しているのか。

「女のコのネットワーク。全国には出稼ぎに来ている外国人が無数にいます。そのツテで情報交換して稼げる場所に移動するのです。だから私が雇っていた女のコに『誰かおらんか?』と聞けば、友達が『九州におるよ』、『茨城におるよ』と。『写真見せてみい』と確認し、『このコ呼べ』、『いま忙しいからおいで』と誘って連れて来させたり。

日本人はブローカーが連れてくることが多かったけど、外国人の場合はほとんど紹介でした。渡鹿野島では、フィリピンやタイに行って直に買って来るとか、直にブローカーと接触するとかは聞いたことがありません。観光ビザで来日して、そのまま不法滞在しているコが多かったですね。

でも、それは昔の話で、今は不法滞在のコは皆無に等しいでしょうね。ビザが切れたら基本、本国に帰します。だから日本人と国際結婚するなどして永住権を持っているコが多い。もちろん店も不法滞在のコは雇いたくない。危ないですから。

いくら非合法の商売であっても、また警察のお目こぼしがあるといっても、やっぱり相手（警察）の顔も立てないとね。だからこそ商売を続けられているという頭があるから。法律だけで取り締まればとっくに潰れていますよね。

その証拠に、昔は大阪府警が慰安旅行で来ていたりなど、警察官もいっぱい遊びに来ていました。もっとも、さすがに地元の警察は遊びに来ませんでしたけれど。

そうして警察の顔を立てることで、この島は未成年、不法滞在、クスリ……女のコが警察に駆け込んだとか、何か悪質なことをしない限りパクられません。現に、私は置屋の関係で捕まったことは一度もない。二〇一〇年から一昨年までの四回目にしても」

寒川さんの話によれば、よほど悪質でない限り警察は、売春については目を瞑っていたことになる。それでも泳いで逃げた女の告白、警察に駆け込んだ女を端にした摘発報道……男の置屋も、二回目は女が逃げて閉店の憂き目に遭っていた。噂ではなく、そうした事例が実在する。やはり娼婦たちを厳しく管理したに違いない。

「旅行客じゃない、鵜方や阿児など地元の客が遊びに来る場合があります。そんな男と女のコが仲良くなって、休みになると『ちょっと遊びに行ってくるわ』みたいなケースがある。それが嵩じて外の男とデキて、店をヤメられてしまっては困るから、遊びに行く際に送り迎えするとか、そうして予防線を張ったりはしました。

　でもその程度です。ほとんど自由にさせていました。だから、店をヤメる場合も『今までご苦労さん』と、あっさりしたものです」

「もちろん厳しく管理する店もあったのですよね」

「うーん、『島で軟禁しとる』とか、世間がイメージするような凶悪な話は聞いたことがないんやけど。まあ、なかには悪い経営者もいたんかなぁ。もちろん日本人ではなく外人に厳しくしとったんやと思うけど」

「なぜ外人だけに」

「異国やから逃げ道が無いから。不満があっても居座るしかないから。ましてや昔は不法滞在のコが多かったから。日本人と違って相談する相手も居らんやろうから、カネを『絞れるだけ絞ったれ』って」

　男はそう自嘲した。だからフィリピン人女性が集団脱走した報道があったのだろう。一九九二年二月の当該記事によれば、外国人は給与制で、いくら売春しても月二〇万しかもらえていなかったとされている。男の店はどうだったのか。

「いや、ウチは日本人と同じ折半でした。だから不満もありませんでした。でもね、取り分は六対四の分配率だったり、店によって違うんです。にしても、さすがに月給制は聞いたことがない。あとね、取り分が折半でも『つたや』みたいにアパート代、賄い代、プレイ部屋代などを取る置屋もあったからね」

男は、月給制については明確に否定した。しかし売り上げの分配が極端に低ければ、自ずと二〇万ほどの実入りになっても不思議でない。さらにアパート代、賄い代、プレイ部屋代なども搾取されれば言わずもがな、である。

対して日本人女性は、そうして逃げ出すほど搾取されてはいなかった。いや、当時は外国人より圧倒的に需要があったというから、そうして搾取されても、単にそれ以上に稼げていただけかもしれない。だから不満が漏れなかっただけなのかもしれない。

それはアパート代、賄い代、プレイ部屋代などを徴収していた『つたや』が、日本人メインで稼働していたことでも明らかだろう。裏を返せば、外国人は、稼ぎの良い日本人を妬んだだけなのかもしれない。

そうして〝売春島〟には、多くの若い日本人女性がカネを求めて生息した。客も多く、確実に稼げる猟場だった。

が、それも島がバブル景気の恩恵をモロに受けていた二〇〇〇年頃までの話だ。前記のとおり、バブル崩壊後、それと同じくして起こった性風俗の多様化により若い日本人女性に選択肢が増えた。性風俗レガシーとなってしまったここは、それでも働きたい外国人メインの島になった。

「島で稼げるカネと、デリヘルとで比較をすればやはり、デリヘルの方が稼げるようになってしまった」

その理由について男は、不法滞在などの事情を抱えた外国人たちと違い、日本人の娼婦は、この島で売春する理由がなくなったからだと説明した。

「昔はショート四～五本に加えてロング一本。ヤリ手のコならキャバクラの同伴のようにロングを掛け持ちするコもいました。でも今は、ショート一本にロング一本、またはそのどちらかで精一杯。それも毎日じゃないのが現状ですから。昔は一日一〇万くらいは楽に稼げた。一五年くらい前まではそんな日もありました。

一〇年前でも人気嬢なら七〇～八〇万は稼げていました。でも今は二〇～三〇万稼ぐのが精一杯です。もちろん、なかには四〇～五〇万稼ぐコもいますけど」

「売られて来た娼婦も多いと伺っています」

「いたでしょうね。ただし、女のコを誰よりも大事にしていましたよ。ママとチーママが管理していたんですが、女のコはみなお母さんみたいに慕っていましたから」

「〝泳いで逃げた〟と告白している一七才しかり、これまでの取材では、女のコは『よくしてくれるから居着くの』と口を揃えます」

「そうなんです。身寄りがないコも多かったので、いわゆる〝親代わり〟でした。強制や強要はないですね。いくら無法地帯といっても、そんなことはできません。仕事さえしてくれれば、ほんと、好き勝手にさせていましたね」

取材で何度も島を訪れ感じたことだが、現在、この島の売春婦は、奇麗に着飾るコが少ない。おざなりの化粧や服装で、普段着のまま仕事に出るコが多いのだ。そうした自由さも衰退の一つの理由だと僕は感じたと、男に投げかけた。

「ああ、そうかもしれませんね。今は競争心もないからね。女のコの絶対数が少ないから、化粧しようがしまいが買われるから。例えば女のコが五人しかいなくても、客が五人以上いれば、絶対に誰かと遊ぶでしょう。客は、やっぱり日本人と遊びたがる傾向にあったんです。だから『自分に投資しなくても売れる』、という思考になるのは自然な流れでしょう。

昔は競争があってね、三人の客に対して一〇人くらいで顔見せに行きました。だから、少しでも奇麗に見せないと売れませんでしたけど」

売られた女が多かったのは間違いなく、そうして多くの日本人女性が春を売った一方、なかで芽生えた競争心が島の繁栄に一役買っていたわけである。

それにしても、この〝売春島〟、前記した〝泳いで逃げた女〟など本当にいたのだろうか。

男の話がすべて事実とすれば、その女は、何も生と死の狭間を彷徨わなくとも隙をみて船で脱出できたはずである。その脱走劇の一部始終は、死と隣りあわせを覚悟して海に飛び込むなど浮世離れしたものだった。まるで、細部までつくり込まれたフィクション映画のワンシーンのように。

男は、伝聞だと前置きしたうえで、「昔はいた」というが、彼の実体験から一九九〇年代初頭以降は「絶対にいない」と断言した。女の脱走劇は一九九五年。男が置屋商売をしていた時期と重なり、男の証言を信じれば女の証言が間違っていたことになる。

あるいは、女はブローカーX氏が言っていた〝未遂の女〟と同一人物で、泳いで逃げたことは事実だが、その昔に泳いで逃げた女の話と併せて創作したのかもしれない。

しかし、「監視の目を盗んで渡し船に乗って逃げたコはいたでしょう」と続けた。バンスがあれば、たとえ親代わりとして面倒を見てくれていても、売春に明け暮れなければならない壮絶な日々、逃げ出したくなる気持ちも理解できるという。前出のブローカーが言うように、バンスがあれば監視は厳しい。無ければ一人で島外へと余暇を楽しむことができるが、それがあるコには必ずチーママが同行したという。

ブローカーX氏は、後に否定したにせよ〝水シャワー〟などの厳しい監視態勢が敷かれていたことを語っていた。女は、そんなアメとムチに起因した〝絶望感〟に耐えきれず決死のダイブを敢行したのだ。

男はもちろん〝水シャワー〟についても「それはないと思います」と否定し、「渡し船の船頭には見張ってもらっていましたよ。『あのコ、一人で船に乗ったら教えてな』とか、『一人では乗せやんどいて』という具合に」とあくまで緩やかな管理だったと証言した。

「船頭しかり島民しかり、ほとんどの女を把握していますからね。『あれ○○のコや』『コレ○○のコや』と。みんな最初は渡し船で来るわけで、『このコ、今度からウチで働くから頼みます』という挨拶をしますから。それに、小さな島だから『あれどこのコや?』と聞けば、誰かが知っています。かつ、そうした情報もすぐに広まります。だから女のコが一人で乗れば、『そういえばバンスあるって言っていたな』と振り返り、すぐに置屋に知らせる連絡網はありました」

むろん、売春し続けるうえで絶望感を抱かせる管理体制がなかったわけではない。

それは、〝泳いで逃げた女〟も証言していた〝行商システム〟だ。

男によれば、ブランド物のバッグについては知らないが、高額な着物を買わせる仕組みは確かにあったという。

客入りが良い『○○○○（某大型ホテル）』の宴会に出るには当時、着物着用が義務づけられていた。稼ぐためには買うしかない。裸一貫で稼ぎに来た女たちなら当然、借金での購入になる。できるだけ長く働かせたい置屋にとっては好都合だったのである。

売春により蝕まれていくココロとカラダ。増幅していく売り飛ばした男たちへの憎しみ。たとえ緩やかな管理だったとしても、ママたちのアメだけでは抑えきれなかったのだろう。

こうして〝売春島〟は、女のカラダを駆使させて隆盛を極めたようである。〝泳いで逃げた女〟が伝説として語り継がれるように、脱走を試みる女がいたとしても、さほどの違和感はない。泳いで逃げた……それが嘘か誠かは別として――。

話の中心を岡田雅子さんにしよう。

これまでの証言では、岡田さんは一九六〇年代後半に〝売春島〟に移住、同時期に〝Kさんの嫁〟ら三人の四国生まれの女がやってきた。理由はまだ判然としないが、男によれば、岡田さんには資金などなく、裸一貫で移住し、かねてから根付いていたハシリカネ時代から続く売春産業に従事。当初はいち売春婦であったが、すぐに貸店舗で置屋を開業したという。

「いまもその一号店は廃墟として残っています。最初は一人でしょうね、女将が経営者であり、売春婦でもあった」

その後はしばらく置屋経営で稼ぎ、蓄財して大型ホテル『つたや』を建てた。登記簿によれば一九八四年に新築と記されているから、約一五年で一介の置屋オーナーから地上四階建て、鉄筋コンクリートの大型ホテルを建設するまでに急成長したことになる。

「売春婦から大型ホテルを建てるまでになるんだからね。当時はそれだけ忙しかったということでしょう。もちろん、そこに至るまでには一人でなく何人も女のコを雇ってのことでしょうが。四国から呼び寄せたり、組織の人間を使ったりなどして増やして行ったんでしょう。じゃないと、とてもホテルなんて建ちませんよね」

　男は、岡田さんと芥川さんの馴れ初めについても知っていた。報道では、「渡鹿野島の〝売春手入れ〟には特捜班の幹部として参加し、このとき以来、女性問題を起こしたため、退職して置屋のマスターになった」と記されていた。

「内偵調査というかね、女将が何らかの容疑で捕まったんです。それを担当したのが大将で、その取調べのなかで仲良くなりました。なんでも女将からアプローチしたと」

　岡田さんから直に聞いたという、男の証言である。

　つまり岡田雅子さんが取調べのなかで懐柔し、芥川さんを取り込んだ。それにはどんな思惑があったのか。想像できるのは、非合法商売の性質上、警察の情報は喉から手が出るほど欲しいに違いない、ということ。もちろん、本気で惚れた末での行動だったことも否定はできない。

その疑問に踏み込む前に、まず、その対極にある裏社会との繋がりについても男にぶつけてみた。彼女とA組の関係である。

「岡田さんは元々、A組の関係者なのですか。あるブローカー曰く、A組の姐さんを通じて『つたや』に女のコを斡旋していた、と」

「いや、違います。単純に四国出身で、鵜方で売春をしていただけです。たまたまね、A組の先代の組長の弟分みたいな人が鵜方近辺にいたんです。その人は地元だから『つたや』や、その系列の置屋に出入りしていました。それで女将は仲良くなり、次第に付き合いが濃くなっていっただけです」

男は、岡田さんのことを愛称で〝女将〟と呼んだ。公私ともに可愛がってもらうなど姉貴分のような存在だったという。

また旦那の芥川時雄さんのことも、親しみを込めて〝大将〟と呼んだ。先に触れたように、既に二人とも亡くなっているが、生前は大変お世話になったそうだ。

「だから島民に聞くと、〝売春島〟は組事務所があるわけでも、組織が介入しているわけでもないと言うのですね。もっと言えば、そもそも『つたや』さんだけが〝特別な存在〟だったと伺っています」

「特別というかね、単純に付き合いが濃かったという話で。一年に一回、阿児は松原の海水浴場でA組が海水浴をする、組の行事があったんです。海水浴が終わった後の夜、宴会をするというのが恒例で、『つたや』はその宴会場だった。そうしたホテルと客という関係から線が太くなっていったのです」

〝特別な存在〟と言えるほどではないが、深い関係ではあったというのだ。

「鳥羽市内に『Z』という飲食店があります。その『Z』の経営者は『つたや』系列の置屋『青い鳥』のチーママでした。そして、先に話した、私が置屋商売をするきっかけとなったA組親分の弟分みたいな存在の人。その嫁さんが『Z』の経営者なんです。

昔のことなら私より遥かに詳しいですよ。なにせ最盛期からずっと、もう私が島で商売する前から働いていましたから。時期は〝女将〟より後ですが、私が来るまでずっとその下で働いていました。

〝女将〟以外の四国出身の三人は、A組とは関係ないです。が、もちろん同じ島にいるから付き合いはありました。特に〝Kさんの嫁〟は組織Bの人間と仲良くしていた。関係が深いかどうかは知りませんが。

置屋は女のコありきの商売です。だから、いくらヤクザと言っても置屋の方が立場が強いんです。だから『カスリ（場所代）をよこせ』ともならない。

でも、〝Kさんの嫁〟は払っていたかもしれない。俺が三回目に置屋をしたとき、『カスリを払いなさい』という話があったんです。で、〝Kさんの嫁〟が音頭を取って、いったんは『払おうか……』という流れになったんだけど、他の置屋オーナー連中に反対されて。結果、鳥羽署に相談して、鳥羽署から中止命令が出て立ち消えになりました」

〝カスリ〟の話が持ち上がったように、他の置屋もヤクザ組織と付かず離れずの関係にあったのは事実のようだ。寒川さんにしても、ヤクザという身分を隠して参入したというが、同じ組織のチーママを抱えた岡田さん経由で噂はすぐに広まったことだろう。

「そうしてカスリをはね除けるなど、置屋はヤクザより立場が上だったのですよね。寒川さんは排除されなかったのですか」

「もちろん〝女将〟に釘を刺されました。『大丈夫か？（組織Bが）おるからモメるよ』と。でも、当時の私はイケイケだったから『そんなの関係あるかい！』って。その裏には、これ以上、ヤクザを入れたくないというオーナー連中の思惑があったと思う。後から聞いたんだけど、みんなが集まって『排除するべきか否か』という、私の処遇についての会合があったらしいから」

「じゃあ、寒川さんは、みながヤクザと知った上で受け入れられたのですね」

「私が受け入れられたのは、繰り返すが元からA組の直営店があったから。二回目までは法律違反の商売をしているのに『何が組合や！』と突っぱねていたけど、三回目からは周り

岡田雅子さんが経営していた建物。一階にはスナック「パラダイス」と置屋「青い鳥」、二階は売春婦たちのアパート

からの助言もあり、『渡鹿野置屋組合』に加盟しました。組合には規約があって、置屋三軒の承認が必要だった。加盟金は三万円で、あとは日本人の売春婦が三人以上いることが条件だった。だからヤクザの私も正式な仲間だったんです。

組合に入ってない置屋へは、組合からホテルや民宿に『宴会に呼ばないで下さい』というお達しがあります。だから組合員になれば、女を宴会に派遣できるメリットがあるんです。私は入る前から派遣していましたが、建前上はその決まり。もちろん女が足りないホテルや民宿からの要請でした。だから、あくまで置屋より宿泊施設の方が立場は上なんです」

「置屋はどんな名目で営業しているんで

すか。他の青線地帯の売春置屋ではスナック、旅館、飲食店などの許可です」

「許可なんて何もないですよ。もちろんスナックの場合は飲食店の許可を取りますよ。でも渡鹿野の置屋は完全にモグリ。旅館にもコンパニオンのごとく派遣しますが、人材派遣の許可なんて取りません。

例えば『つたや』は『パラダイス』と『青い鳥』と系列の店がありました。そこで純粋なスナックの『パラダイス』は許可を取るが、置屋の『青い鳥』は許可はなし。『青い鳥』は、表向きは小さなスナックのような内装だけど、お酒も出さなければ、店内では女のコに接客もさせない。売春目当ての客がくると、女のコを整列させて顔を見せて、目当てのコを選ばせるだけで。

だから置屋組合というのは、置屋の経営者らが自分らの都合のいいように作ったものなんです。『組合に入らないと島で商売させませんよ』という組織にすぎません。

繰り返しになりますが、三回目の時には、組合長の〝Kさんの嫁〟の旗振りで年会費（三万円）を徴収する流れになりました。でも私は、『そんなん初めて聞いたわ。知るか！』と突っぱねた。だから、組合といえば大それた組織のように聞こえるかもしれませんが、中身は互助会みたいな緩いものです」

「なぜ緩いのですか。非合法の商売をしているなら、寒川さんのようなヤクザを徹底的に排除するなど、もっと規律を重んじてもいいように思います。強いては、大阪の飛田新地のように、それが当局による浄化の流れや摘発対策になるのではありませんか」

「置屋の格差が大き過ぎるんです。〝Kさんの嫁〟と岡田さんの置屋が飛び抜けて儲けていて、他は『細々と』だから。なかには、女のコが一人、二人の店もある。それでは同列の組織ではいられません。

当時は、ウチの稼ぎ頭で月に二〇〇万の売り上げがありました。対して『つたや』のコは、平均一五〇万オーバーを稼ぐコが一五人ほどいましたから」

A組経由で女衒から多くの日本人女性を集めていた『つたや』は、そんな置屋格差のなかで一人、勝ち組だったのである。一五〇万×一五人＝二二五〇万。二二五〇万×一二ヶ月で二億七〇〇〇万。うち半分の実入りとしても一億三五〇〇万。単純計算でも軽く億超えである。

さらに女のコが暮らすアパートや賄い食堂まで経営し、その家賃や日々の食事代まで徴収していたというから、年間二億に迫る実入りがあったとしても不思議でない。

しかし、それならば『つたや』は、風俗が多様化した時代の流れに飲み込まれたとはいえ廃業までには至らなかったはずだ。繰り返すが、『つたや』は経営破綻し、配下の置屋やスナックもろとも全て二〇一六年までに競売にかけられている。それに、『つたや』と同じ凋落の道をたどることなく、今も生き残る〝Kさんの嫁〟の置屋や『○○○○』のような大型ホテルもあるではないか。

それについて、「『○○○○（某大型ホテル）』はカップルや家族連れ、はたまた老人組合などの団体客までも集客し、ずいぶん潤っているように見えます」と尋ねると、「いや、実際は火の車でしょう。あそこは薄利多売というか、激安価格を提示し、一人の客から一〇〇〇〇円の赤字でも受け入れていますからね。例えば島の最低料金相場が一泊二食八〇〇〇〇円のところ、七〇〇〇〇円でも受け入れますから。つまり現金を回すため自転車操業になっている側面があります」と否定した。

そして、それは島の誰もが知ることであり、観光協会の会長をするなど、表面上は立派な経営者だが、「社長がライトバンに乗って野菜の仕入れに行っているんです。未払いがあるから仲卸業者が手を引いたんです」との内情を聞けば、納得せざるを得なかった。

むろん、これは男の見聞きした情報であり、その是非を精査した話ではない。あくまで男の証言だということを断っておく。

そうして一人勝ち状態の『つたや』を、旅館組合はつまはじきにしたと、行政側であり島民でもある三橋さんは言っていた。男もそれに同調し、当時は「日本人の売春婦を多く抱えていた『つたや』が悪だという風潮になっていた」という。

売春で潤っていた島だ。浄化の流れはあったにせよ、『つたや』あっての繁栄であり、売春産業に関わる多くがその恩恵を受けていたのではないのか。

「実際はそうでした。でも周りは、というか『○○○○（某大型ホテル）』は、それを妬んだのです。配下に置屋を持っていない『○○○○（某大型ホテル）』は、宴会に女のコを派遣させてもバックマージンをもらうだけ。でも『つたや』は、自ら経営する置屋の女のコを使っているから丸儲け。

その実入りの差が面白くなかったんでしょう。旅館組合の会長の立場では置屋経営ができず、そのジレンマから排除する動きにでたのでしょう」

もちろん『つたや』排除の背景は、単純な嫉妬だけではない。さらに私腹を肥やすため、『○○○○（某大型ホテル）』から除け者にされたことをいいことに、組合が推進する浄化の流れを無視するかのごとく〝バカラ賭博〟をオープンさせたのだ。

「パラダイスというスナックがあるでしょう。あそこを舞台に一時、カジノ（バカラ）を始めたんですよ。

でも三ヶ月ともたなかった。博打でしょ？　やっぱり警察がうるさいんです。それで開店直後に警察が来た。ガサ入れはせずとも何日か、外に二四時間態勢で見張りが立った。もちろん周りからはクレームの嵐でした。警察がいるから『売春できない』と」

いくら売春で成り立ってきた渡鹿野島といえども、それは警察や行政からのお目こぼしがあってこそ。非合法な置屋商売を続けさせてもらうには、クスリや未成年の雇用など、当局を怒らせないための自主規制が必要だろう。賭博などもってのほかだ。だからこそ売春については忖度してくれるというものである。

「闇カジノは人知れずやるものです。なのに、なぜ警察に漏れたのでしょう」

「そんなのバレますよ。あの島は、売春の妨げになることに関してはチクリも多いんです。せっかく売春をお目こぼししてもらっているのに、博打を入り口に目をつけられては置屋までダメになるかもしれない。

それで警察がいるから置屋も営業しにくいし、客も遊びにくい。もちろんカジノのメイン客として見込んでいた娼婦らも、しかり。

島の女のコたちは、ギャンブルだけを楽しみにその日暮らしをするような中毒者が多いんです。その昔、この島にもパチンコ屋があったことでも分かるように、暇さえあれば対岸のパチンコ屋で散財するコばかりです。そんな博打好きの娼婦たちも、警察の目があるから寄り付きませんでした。

大多数の置屋組合員はもう、開店前から反対しました。それでも強引にカジノを開いたことも、岡田さんが嫌われた要因だった。あの人は『他の人のこと考えやへん』と。

博打や薬など売春以外の非合法商売については鳥羽署もうるさかった。さすがにそこまでは見逃してくれません。売春は昔からのことやから目を瞑るけど、『他のことは許さんよ』という方針で。二〇〇六年頃のことです」

「こうして島の歴史を見ると、結局、『つたや』さんが未成年のコを使ったり、バンスで売られてきたようなコを入れたり、はたまた闇カジノ経営にまで乗り出したり……。それで当局による監視の目が厳しくなり、売春が衰退していったのかなとも思います」

「私はそうは思いません。摘発は商売柄しょうがないことでしょう。そもそも違法で、それをお目こぼししてもらっているだけですから。だから置屋はね、できるだけ家出少女や未成年を使わないようにはしているんです。やっぱり警察に目をつけられるから。

でも実際、やはり若いコの方が売れる。だから他の置屋でもそうしたジレンマのなか商売していました。事実、未成年でも『もうハタチって言うとき』と、年齢を偽らせて仕事をさせる場合も少なくなかったですから。もちろんホテルや旅館も、明らかに未成年だと分かるような年頃のコでも受け入れていたわけですから」

『つたや』の暴走が招いた、旅館組合による村八分の動き……。それでも客が求めれば、多くの女のコを抱えていた『つたや』を頼ることもあったという。

それが自分たちの首を絞めることになっても、だ。これまた当然というべきか、背に腹は代えられぬというべきか。

「やっぱりカネです。普通なら、宴会時に置屋から女のコを呼んで、それに対して旅館がカネを払うだけ。もちろんそのカネは客が払う宴会代に上乗せしている。まあ､それはソレで、一方で客が女のコを買ったら、ホテルは置屋からリベート（手数料）がもらえるのです。女のコが宴会に行くでしょう。置屋は、まず六～八〇〇〇円をホテルから〝宴会代〟として徴収します。さらに客が女と売春すれば、今度は逆に〝R〟を支払うシステムなんです」

そのリベートのことを、島では隠語で〝R（アール）〟と呼んだ。

「Rはホテルも旅館も、ポン引きでもタクシー運転手でも喫茶店などの飲食店でももう、誰もが手にする売春客の紹介料です」

「そのポン引きですが、僕が訪れた際はオバちゃんだらけでした。年を取り現役を引退された元娼婦たちだと聞いています」

「そういう人もおります。もちろん他所からポン引きの仕事をしに来たオバちゃんも。あとはホテルの女中から転身したり、女中のまま副業でポン引きしたり」

「ポン引きは自由にできるのですか？　誰か島の有力者にお伺いを立てる必要は？」

「昔は誰でもできました。ですが、今はもう組合からの指導でできません。他所の繁華街でも一〇年くらい前から客引きに対する取り締まりが厳しくなったでしょう。それに倣い渡鹿野もダメになったんです」

「でも数年前は、まだ客引きが二～三人いました」

「おるにはおるんですよ。でも『ヤメなさい』とうるさいんです。今は一人しかいません。その人も組合長から『したらアカンよ』と釘を刺されながらもひっそりと続けている状況です」

「いくら非合法な置屋商売であっても、組合は当局からの指導に従う、と」

「一応ね。本来なら客引きは華なんですよね。そりゃ強引にやったりだとかはあきません。でも、ちゃんとルールに乗っ取った客引きはエエと思うんです。お客にとってもエエことでしょう。島に来てポン引きが集まってくれば『遊びに来た！』って高揚するでしょう。だから無理矢理無くすことなんてないと思うんです」

男は、この島の序列についても説明した。

「宿が決まったら他は手出し（客引き行為）ができない。そうした暗黙のルールもあります」

「この島はホテル主導なのですね」

「そうです。置屋や客引きではなく、あくまで宿（ホテル）主導です。私は、置屋あってのホテルやろ、ホテルあっての置屋やろ。持ちつ持たれつの関係やろって思うんやけど、昔からやっている人らは違うんです。ホテルは『ウチの客がいるからアンタらメシ食えるんやろ』

という考えなんです。

　もう、私が商売を始めるずっと前からそうでした。まあ置屋はホテルにお願いしにいく方やからね、『宴会に入れて下さい』『遊びたい客がおったら紹介してください』と。だから自然とそうなったんだと思います」

「前に行った際には、外出時に女将から『ウチの下駄を履いてってください。そうすればウチの宿泊客だと分かるから』と言われました。だから屋号入りの下駄を履いて出かけたのを覚えています」

「ああ、それは置屋に宿泊先を知らせるためです。下駄や浴衣の目印もなく置屋に行けば、遊ぶ前に必ず『どこのホテルにお泊まりですか？』と聞かれます。それは、後で必ずRを持っていかなあかんから。また高木さんが『どこにも泊まってない』と嘘をついたとします。すると置屋はフリーの客だからRはいらないと判断しますよね。でも高木さんが宿に帰って『○○という置屋で遊んできました』と女中さんに話したとしますよね。すると後からRを催促してきます、『ウチのお客さんが遊んだと思うんやけど』と」

「つまり、厳密なルールというよりお金を徴収するためのしきたりなのですね。ホテルも客を取った、取られたではなく、バックさえもらえればいいと」

「そうです。下駄や浴衣を着させるのは、ウチの客が遊んだらウチにRを持って来て下さいよという印みたいなものです。

まれに、ホテルに泊まっている客をポン引きのオバちゃんが置屋に連れて来ることがあるんですよね。で、後でフリーではなくホテルの客だと判明します。するとRをホテルとオバちゃん、どっちに渡したらエエんや、となる。そういう場合はオバちゃんに渡して、『あとはよしなにしてください』と。そうしたややこしいルールがあるんです」

首尾よく交渉がまとまれば『遊び』、『泊まり』のプレイ時間に応じて、それ相応のRが発生する仕組みです。相場は『遊び（ショート）』で三〇〇〇円、『泊まり（ロング）』で四～五〇〇〇円。だからみなカネで動いているんです」

カネとは言わずもがな、売春産業による恩恵に他ならない。置屋はホテルへ派遣し売春目当ての客を取る。その逆もしかり。置屋のように直接的でないにしろ飲食店や渡船業など、その副産物が生活の糧となっていたことは周知の事実だろう。

その内情を島の住民に聞けば、みな売春で潤っていたし、その非合法な産業で生活していたと本音を語る向きも少なくない。

むろん男に言わせれば、渡鹿野は「売春で成り立ってきた島」なのだ。男が続ける。

「浄化だなんだと取り繕ったところで、島をクリーン化したのがいまの状態。法律には違反するかもしれませんが、その選択が間違っているんです。

警察も『あの島はしょうがないやろう』と。治外法権とまでは言わないが、『ある程度のことは目をつぶろう』という頭があるわけですよ。だから、ずっと売春を続けて来られたんです。それを今さらクリーン化してもね、客が来なくなれば女のコも働きに来なくなるだけ。衰退していくだけですよ」

「旅館組合の人からは、旅館組合の会長である『○○○○（某大型ホテル）』さんが先頭に立ちクリーン化を進めたと伺っています。それは、組合員の総意でもある、と」

「表向き『○○○○（某大型ホテル）』が音頭をとってクリーン化を進め、みなそれに賛成したことになっていますが、一方で自分たちが経営しているホテルや旅館に宿泊した客が『遊び』をすれば、置屋はちゃんと今も昔もRを払っているんですよ。

〈「どこのホテルにお泊まりですか？」

「○○○○です」

「はい、分かりました」――〉

こうした確認作業が絶対にあり、後から担当者にカネを持って行くわけです。

もっとも、『○○○○（某大型ホテル）』に限れば社長に直に渡すことはありません。でも、それを社長が把握しているかどうか、というだけの話。まあ知っていることでしょう。

私が置屋を経営していた頃の『○○○○（某大型ホテル）』の女中は、他に類を見ないほどわずかな給与で働いていました。その理由を聞けば、社長から『Rがあるんやから、お前らそれをもろうて補充せえ』と言われている、と。社長はそういう考えだったそうでした」

つまり、かねてから売春産業の恩恵を受けていたばかりか、クリーン化以降も裏ではそれが続いていた。一人勝ち状態だった『つたや』を妬み、除け者にしたが、それは表面上だけで、裏ではしっかり繋がるなどそれは、『つたや』崩壊の理由には当たらないというのだ。

二、〝Y藤〟が招いた悲劇

それでは、なぜ『つたや』は崩壊したのか。その理由を寒川さんが知っているかどうかを尋ねた。

男は驚愕の事実を語り出した。

それは、時代の流れやクリーン化推進派でも、警察でもヤクザでもなく、ある外敵によって巣食われ、つぶされたというのだ。

「〝Y藤〟という、自称『経営コンサルタント』の〝事件屋〟が原因なんです。当時五〇才くらい。

ヤクザと言われれば『そうか』と、誰もが納得するような強面。それ以上の詳しい素性はよく分かりません。

その〝Y藤〟が〝女将〟に取り入り突然、島に現れた。でも、なぜ〝女将〟と引っ付いたのかもよく分かりません。私が三回目に置屋をやったとき、突如としてやってきたナゾの男です」

男によれば、本名をY○藤○という。通称〝Y藤〟と呼ばれ、その事件屋が『つたや』崩壊の引き金になったというのだ。

「私以外にも〝Kさんの嫁〟やA組の姐のチーママなどなら知っていることでしょう。その〝Y藤〟の噂はね、私がもう渡鹿野島に来る前から耳にしていました。鳥羽のホテルの社長と懇意にしていた私は、その社長から和歌山・勝浦のホテルが売りに出ているから『買うかどうか迷っている』、と相談されたことがありました。

その売買契約を進めるなか、間に入ってきたブローカーが〝Y藤〟でした。地権者とブローカーで売買金額に一〇億円の差額があり、結果、社長は手を引きました。それで『寒川さん、〝Y藤〟という男は事件屋やから気いつけや』と助言されました。そんな話の最中に〝Y藤〟は渡鹿野に現れた。

そして島に〝Y藤〟が現れたことを知った社長から、『つたやの女将にも注意したれよ』

と言われました。でも、とき既に遅し。〝女将〟は、もう誰のアドバイスに対しても聞く耳をもたないほど〝Y藤〟に真っすぐでした。

先の『バカラ賭博場』は、ヤツの仕掛けた仕事でした。いま『○○○○（某大型ホテル）』が経営するホテル『H』。あそこも〝Y藤〟の入れ知恵でその昔、〝女将〟が買った物件でした。『H』は元々『大島』というホテルで、ここは事件になった。私が島で商売していなかった時期の話ですが、投資詐欺として。リゾートホテルの会員権の詐欺でした。その詐欺の舞台として、ずっと廃墟になっていた『大島』を、〝女将〟は〝Y藤〟にそそのかされて買ってしまったんです。

だから〝女将〟は、〝Y藤〟に投資させられるだけさせられて実入りが全くなかった」

岡田さんは、他にも自らホテル『大阪屋』を買収するなど、〝Y藤〟が現れる以前から向上心が高かった。

一方、〝Kさん嫁〟は置屋だけ。各宿泊施設から流れてくる客を受け入れ、堅く商売しているという。

そのKさんも、ホテル『水光館』への投資をしたと聞いている。しかし、それは投資ではなく、単にお金を貸しただけだという。『水光館』の跡取り息子が組織Bの配下組織にいて、その縁からだ。前述のとおり、〝Kさん嫁〟は組織Bと近く、その組員である息子を無下にはできなかったそうなのである。

岡田さんの旦那の芥川さんは、元ではあるが警察官だ。その詐欺師について注意しなかったのか。

「そんなのムリムリ。というか、〝大将〟は優し過ぎて〝女将〟によう言わないんです。私が〝女将〟とスナックで飲んでいるとします。すると〝大将〟は、〝女将〟が誰と飲んでいるか気になって気になって、店の前を行ったり来たりする。入って見ればいいのに、〝女将〟が怖くて確認すらできないんです。

〝女将〟は、その様子を見てよくせせら笑いしていました、『お父さん、また店の前をウロウロしとるで』と。つまり〝大将〟は、ものすごくヤキモチ焼きなうえ、〝女将〟に完全に惚れていたんです」

だから岡田さんは、それを逆手に取ってヤリたい放題だった。だから〝Y藤〟が入り込む隙があった。

〝Y藤〟という公私ともに信頼できるパートナーを得た岡田さんだったが、それでも芥川さんから離れなかったのは、他でもない。既に心は離れていたようだが、腐っても元警察官だ。〝Y藤〟と二人三脚で表と裏の商売に邁進するには、その摘発対策としての利用価値があったのだ。

「そういう考えだったでしょうね。鳥羽署には旦那の後輩もおるわけで、情報は簡単に手に入れられる。もし手入れがあっても穏便に済ますことでしょう。

だから、配下の置屋は別として、裏で繋がっていることは明白でも、表のホテルが摘発されたことはないはずです。置屋の名義人が捕まるだけで、ホテルには一切及ばない。『青い鳥』は『つたや』のラウンジで、また別にも置屋があった。後にスナック『パラダイス』も始めたが、その『パラダイス』はバカラ賭博場を開帳するために『青い鳥』の看板から付け替えただけの店。いまは廃墟になっている『青い鳥』の場所が、かつては屋号も何もない売春置屋でしたから」

これで岡田さんが、芥川さんを懐柔した理由はハッキリした。

また売春置屋の構図は、摘発逃れのために複雑化しているかに思えるが、要は『つたや』を本体に、配下に置屋やカジノを従え、客や売春婦をグループ内でまわしていただけである。

警察情報なら芥川さん、ヤクザなら友好関係にあったA組。そのA組が〝海水浴〟をヤメた後は、さらに力のある組織Eが『つたや』を利用するようになり、その組織Eとも「いい関係」になったという。こうして非合法商売のキモである表と裏の力を掌握した岡田さんは、一躍、島の、裏の顔役となったのだ。

まさに絵に描いたような〝ヤリ手女将〟。警察はもちろん、ヤクザに対しても一歩も引かない。それを裏付けるように、こんなエピソードがある。男が言う。

「私は二〇〇六年、『大阪屋』の下で置屋をやっていました。当時はホテルも営業していて、そのホテルは、『大阪屋』の婿さんが『つたや』から借りていた物件でした。私は、その婿さんと契約していたんです。

そしたら〝女将〟が『又貸しやろ。私は許可しとらへん』と文句を言ってきた。そんな最中に〝女将〟が『大阪屋の寮が競売に出とる。私が落としたるで、ここで商売しな』と、その寮を落としてくれた。それで私は営業中の店をたたみ、今度は嫁の名義で〝女将〟に家賃を払う形で再オープンしました。

しばらくした後、私は別件で逮捕された。すると〝女将〟は、私がいないのをいいことに、私の嫁を言いくるめて店を奪ったんです。

その顛末を獄中で聞いた私は、『まあええよ。でも私がパクられて嫁は困っているから、ナンボか生活費を渡してくれ』と、〝女将〟にお願いした。でも〝女将〟は、嫁に一円も渡しませんでした。

出所後、もちろん私は〝女将〟に文句を言いに行きました。でも〝女将〟は一切、私と会おうとはしなかったのです」

岡田さんは、身内同然で可愛がる男の店を奪ったというのだ。しかも、当時は現役ヤクザだったにも関わらず。

ただし、岡田さんも一人のオンナだった。肉体関係があったかどうかは窺い知れないが、たぶん「男女の仲だったと思う」と、男が証言する〝Y藤〟に傾倒した。時は二〇〇五年頃。バブル崩壊後の島の景気は下降線をたどっていた。それは『つたや』も例外ではなかった。もう事件屋が来る前から凋落は始まっていたという。その立て直しを頼まれたのが〝Y藤〟だった。〝Y藤〟は岡田さんに取り憑き、口八丁手八丁で新規事業を提案して資金を捻出させた。結果、たった五、六年でその財産を根こそぎ奪ったのだ。

「でも〝女将〟は、最後まで〝Y藤〟のことを信用していましたね。それはもう亡くなるまで、ずっと。〝大将〟しかり、二人の息子しかり、みな〝Y藤〟のいいなりでした。その〝大将〟も二〇〇九年に亡くなり、また〝女将〟も昨年、亡くなり……。

〝Y藤〟に荒らされて以降は、置屋は存続するもホテルは開店休業状態でした。そして島が寂れたのは……やはり『つたや』が機能しなくなったことが大きかったですね。その衰退と共に渡鹿野も衰退した感じです。場所がメインストリートのど真ん中でしょう。いうなれば『つたや』は、島の顔でした。最後まで再建しようと頑張っていたんですけどね、〝女将〟は」

その後、〝Y藤〟はどうなったのか。

「ホテル『大島』を舞台にしたリゾートホテル会員権の詐欺で指名手配になり、島から消えました。現在は消息不明。噂にものぼらないほど風化しています……」

〝Y藤〟は事件屋として、岡田さんに近づいた。かつて、僕は企業乗っ取り詐欺の取材をしたことがあるが、そこではハニートラップが常套手段だった。

その手口からも、〝Y藤〟と岡田さんは男女の仲だったに違いない。オモテもウラも掌握し、女衒のドンとして君臨していた岡田さんも、惚れた弱みにつけ込まれた。かつてブローカーが女を惚れさせ売春斡旋をしたように、この〝Y藤〟は、岡田さんを惚れさせ頭から掻っ攫う、さらに上手の裏仕事師だったのだ。

寒川さんの告白は、驚愕の事実の連続だった。一九九〇年代初頭から売春島に関わり、島の住民らと苦楽を共にし、四国出身の四人とも交流があり、一方でヤクザ組織の介入をも熟知する元置屋経営者。事件屋が暗躍したことなど、これまで明るみにされなかった島の暗部が紐解けたのである。

しかし、〝Y藤〟とは一体、何者だったのか。寒川さんの証言によれば、方々で詐欺事件を繰り返していたようである。

その〝Y藤〟について、事件物件をめぐる登記関係に明るい、さる司法書士はこう解説した。

「Y盛実成という大物事件屋が、〝Y藤〟やY富士という偽名を使っていました。しかし、この三重の投資詐欺は、地域的すぎるし、地元関連と思います。私にはピンとこない。申し訳ない。

だが、〝Y藤〟という名前は三重では有名で、その名前で食いつく向きは多いと思う。〝Y藤〟など、三重という田舎では、むかしの風習でY本藤雄、Y本藤介……こうした名前で代々世襲するわけで、〝Y藤〟＝Y◯藤◯もそういう文脈だと想像できる。

ちなみにY本藤雄が経営する老舗ホテルは現存しています。またY盛だったら面白い。最近、別件でまた捕まったらしい。Y盛はFというヤクザ組織と近い存在です」

〝Y藤〟は、事件屋業界では有名な偽名であるが、大物であるがゆえ、その名前を誰もが騙る可能性があり、人物の特定までには至らないという。その名を耳にしていた岡田さんは、すっかり信用してしまったということか。そして、あらゆる手を尽くしたが、結果、偽名である可能性が高い〝Y藤〟を探し当てることは叶わなかった。

いずれにせよ、売春島は、こうした事件屋がつけねらうほど売春産業で隆盛し、なかでも一人勝ち状態だった『つたや』がターゲットにされた。

そして、『つたや』の崩壊により、さらに島の凋落が加速したのは、揺るがぬ事実のようだ。当然である。島の顔として君臨していた大型ホテルが一つ、もぬけの殻になってしまったのだ。

第六章　A組姐さんの告白

一、元警察官が置屋のマスターになった真相

前章で判明したように、『つたや』は事件屋〝Y藤〟が崩壊に導いた。

いや、崩壊させたとは言い過ぎか。しかし浄化や世の中の景気など、〝時代の波〟に呑み込まれ、すでに輝きを失いつつあったにせよ、その〝Y藤〟によって止めを刺されたことは間違いない。

先細った今の売春島の景気を見れば、『つたや』崩壊は、これまで数多の恩恵を受けてきた向きをも道連れにした恰好だ。

他にもハシリカネに始まる島の売春の歴史から、暴力団組織との関係に至るまで、様々な遍歴が分かってきた。これでほぼ、渡鹿野島が〝売春島〟になった過去は紐解くことができた。

むろん、寒川さんの証言だけでなく、その細部を詰める作業はしなければならない。

そこで、まず、スナック形式の置屋が始まった〝第二期〟、その発端である四国出身の四人の女について、三橋さんや寒川さんへの取材で分かった事実をいま一度、整理しておきたい。これは今後の取材対象者を選定する意味でも重要な作業だと考えている。

売春島の対岸、鵜方のスナックで働いていた四人は、「売春で潤っている」という噂を聞

きつけ一九六〇年代後半、海を渡った。

まずその一人、岡田雅子さん。彼女は売春婦から置屋経営に乗り出し、成功して大型ホテルのオーナーにまでなった。その後の凋落はすでに記した通りだ。

また〝Kさんの嫁〟。彼女もすぐに数多の売春婦を束ねる置屋のオーナーになったが、岡田さんとは違い置屋を拡大するだけに止めた。その堅実な経営ぶりから今も、この島で置屋を経営。義理の妹が系列店を切り盛りするなど、疲弊した島の売春置屋にあって唯一の生き残り組だ。

そして残りの二人だ。

一人は『ミミ』という置屋のママで、寒川さんによれば、「二〇〇八年頃に逮捕され廃業した」という。もちろん島にはもういない。

もう一人は『ラブ』という置屋を経営。彼女も二〇〇八年頃に廃業し、寒川さんは、面識がほとんどなく名前も知らないが、「噂ではGホテルで女中をしているらしい」と言っていた。

現状では顔も名前もはっきりしない『ラブ』のママを探し当てるのは至難のわざだろう。Gホテルに宿泊し、女中ひとりひとりに聞いて潰す手もあるが、あまりに効率が悪すぎる。となれば〝Kさんの嫁〟に接触するほうがいくぶん現実的だ。

しかし「無理だと思うよ」と寒川さんが言うように、今も島で置屋商売を続けている彼女が、果たして内情を話してくれるだろうか。島の景気は下降線をたどり、さらにサミットが追い打ちをかけ、それでも売春を生活の糧にする彼女が。

それについて方々に相談するも、元ヤクザの寒川さんをしても「あの人はガードが堅いから」と口ごもるのだった。

そんなとき、寒川さんが、昔のことなら「自分より遥かに詳しい」と言っていた、ある女性のことを思い出した。他でもない、『つたや』と女衒衆とのパイプ役で、しかも、岡田さんの元でチーママとして置屋を切り盛りしていた〝A組下部組織組長の姐さん〟だ。

ずいぶん前にチーママを辞めて島から離れているA組の姐さんだったが、その居場所は寒川さんや佐津間さんから聞いていた。志摩市内で飲食店を経営している。いきなり飛び込むことも考えたが、まずは顔なじみの寒川さんからの紹介の線で接触を試みた。寒川さんが言う。

「電話したけど……あっさり断られましたわ。渡鹿野のことなんて話したくない、と」

もちろん佐津間さんにも同様のお願いをしたが、色よい返事はもらえなかったようだ。

僕は、行政側の三橋さんが取材に応じてくれたことを思い出した。潜入取材の類いでなく、僕がフリーライターであることを正直に話したことで受け入れてくれたのは、前記のとおりだ。

とにかく、件の飲食店に赴き、誠心誠意取材をお願いするしかない。売春島の全貌は、彼女の証言なしでは語れないのだ。

そう考えながら、志摩市内の寂れた飲食街を歩き、『Z』と屋号が書かれた看板が灯る店の前で立ち止まった。この扉を開けば、件の女と向き合うことになる。

「東京から来たんちゃうんやろうね？　何か話があって来たんちゃうんやろうね？」

その第一声から、女は、一瞬で僕が招かれざる者だと悟ったようだ。

実は、寒川さんが電話を入れた直後の訪問だった。そして開店直後でもあった。常連客しか来ないであろう場末の飲食店のこと、女がそう勘を働かせたとしても不思議ではない。むろん、僕には客が少ない時間帯の方が話しやすいのではという計算もあった。一番客だった。

「はい、東京です。正直言うと、そうです」

僕は、被っていた帽子を取って頭を掻きながら言った。

「なんでウチなんや？」と、訝しみながらもカウンター席に座らせてくれた。

「正直に話します。ママが『つたや』の関係者だと伺って……。それで昔の話を少し聞かせてもらえないかと思い来ました」

「嫌やわぁ。誰かから最近、アンタの噂を聞いたんやわな。寒川さんかな。アンタ、寒川さん知ってるの?」

「はい、知っています」

「(ヤクザや置屋をしていた)昔のことも?」

「はい」と答え、ママが好きだという瓶ビールを注文。ママは、僕の顔色を窺いながらもビールを注いでくれた。ヤクザで置屋をやっていた寒川さんの過去を知る僕を、島に浮ついた気持ちでたびたび訪れる、単なる潜入記者でないと判断してくれたのだろう。だから僕も、「ママも飲んでください」と丁寧にビールを注ぎ、いきなり本題に入った。他の客が来てからでは話しにくいだろうと思ったからだ。

「要はですね、一九六〇年代後半頃、渡鹿野に移り住んで置屋を始めた四国出身の四人。Kさんの嫁、岡田雅子さんと、あと二人。その四人はどういう経緯で島に渡ったんでしょうか。それを岡田さんの側近だったママならご存知だろう、と」

「私は九州出身で、四人はみな四国の高知なんよ。ウチには岡田さんの息子も来るんよ。岡田さんも去年の二月に亡くなった。でな、岡田さんは、最初は大阪で水商売しとったみたいで。でもそれは、あくまで私が岡田さんから聞いた話やで」

「それは岡田さんがいくつの時ですか」

「私と八つ違いやから……そやな、ハタチくらいの時やろうな。それであの人らはみな四国の高知やろう。昔の高知にはそういう商売（売春）している店がようさんあったんよ」

ママは、寒川さんらの前では身構えたが、こうして客として訪れての酒の席ならある程度は話してくれる。そう感じた僕は、順を追って質問していくことにした。

「それで大阪から渡鹿野へ？」

「うん。三重にそういう場所（売春島）があるらしいと聞いて島に来たみたいやで」

「岡田さんは大阪から渡鹿野に来たのですか？　移住前は、鵜方で置屋を兼ねたスナックをしていたと伺っています」

「いや、私は岡田さんと友達やったけど、そんなん聞いたことないなぁ」

ママによれば、四人は高知県生まれだったこと、岡田さんは鵜方でスナックをしていたのではなく、大阪でホステスをしていたこと、新たな発見の連続だった。

「では岡田さんは、大阪から直に渡鹿野へ行ったのですね」

「うんうん。その前から島には女郎さん（芸子）がおったでさぁ。島は避難庫と言って、海が荒れたら船乗りたちが一時避難のついでに女遊びをしよったやんかぁ。昔はフッーの奥さんらが相手しとったらしいよ。それで家庭の事情で昔の赤線みたいに売られて来たコも増えて。その後が岡田さんらだと思うよ」

「地元の奥さんや養女らが売春していた時代があって。一九六〇年代以降から岡田さんらの〝スナック置屋〟時代になった、と」

「そうそう。私が三重に来て四〇年になるから」

「四人は知り合いだったのですか？」

「知り合いかどうかは知らんけど、みな地元が一緒だったみたいよ。〝Kさんの嫁〟と岡田さんは、特に」

「大阪時代、売春はしてなかったのですか？」

「やってなかったみたいやよ。高知で渡鹿野の噂が流れとったん違う？　三重県に『売春の仕事がある』って。最初は大阪に出て来て水商売しとったけど、『一稼ぎしよう』と島に来た。最初は娼婦として働いとったけどみんな、直に店を持ったみたいやよ。

Kさんは……多分な、嫁の後に旦那さんが来たんやと思うわ。詳しいことは私もあんまり知らん。でも二人とも高知出身やから呼び寄せたんやろうな。

そうして呼び寄せられた人は多いよ。もともと高知にいて、奥さんや彼女だけが『行ってくるわ』と島に出稼ぎに行って、後から『置屋をせんか』と呼び寄せられたって話も聞いたことがあるからね」

四人は高知県出身と、それぞれ地元が同じという境遇から渡鹿野にやってきたようだ。

この経緯には、どんな事情が隠れているのだろうか。四人は顔見知りで、売春島の情報を共有するなかで移住したのか。Kさん夫婦は、嫁が先に出稼ぎにきて、後に旦那を呼び寄せた。そのことでも分かるように、噂が噂を呼び四国から多くの移住者が海を渡った。だから島には四国出身者が多いのだ。

そこで特異なのは、岡田さんと元警察官の芥川さんとの馴れ初めである。もちろんママは二人の関係を知っているに違いない。

「ママは岡田さんと元警察官の芥川さんが内縁関係になった流れを知っていますか。こちらでは『取り調べ中に……』と伺っています」

これは寒川さんの証言を裏付けるためにも、ぜひとも聞きたい質問だった。ママは「もちろん」といった顔でほくそ笑んだ。

「そうそう。岡田さんが管理売春でパクられたんや。その取り調べをしたのが芥川さんで、『全部謳ったら帰したるわ』と言われたそうや。それで岡田さんがぜんぶ謳った後に、芥川さんから『起訴やで』と裏切られ、岡田さんは怒ってその場に転がっていた鉛筆を投げたそうやわ。

鉛筆は芥川さんの額に命中し、二人で喧嘩になったけど、もう起訴は覆らないやろう。それで置屋経営者の知恵を働かせて『こんな商売しとるから、とりあえず一人くらいは引っかけとこうか』と。それで一緒になったんや。芥川さんにはずっと奥さんもおったんやで。仲は悪かったけど葬式のときには本妻も来とったやん」

　なんと、裏取引による裏切り行為のなかでの色仕掛けだったというのだ。そして芥川さんには本妻がいた。だから籍をいれられず内縁どまりの関係だったのである。

「『つたや』の登記簿に芥川さんの名前はありませんでした」

「そうや。籍を抜いてないんや。本妻が『抜かん！』言うたんや」

　ママは一九七六年に〝売春島〟にやってきた。二三才だった。若くしてヤクザの妻になり大阪で暮らしていた彼女は、あるブローカーの男から売春島の話を聞いた。そのブローカーが、主人に「女のコおらんか？」と相談していた流れからだったという。

「それなら私が行って稼いでくるわ」

　同じく大阪でホステスをしていた岡田さんも、そのブローカーと繋がっていた。そのツテを頼り、ママは主人のためにカラダ一つで島に渡ったのだ。

　一年後の一九七七年、芥川さんは管理売春で逮捕されている。

「そのとき私もおったんやで。的矢から船で警察が三〇人くらい、女のコのアパートに乗り込んできたんさ。女のコは二〇数人いたからな。それに芥川さんや岡田さんらのところにも行くわけやろ。

当初は私の部屋だけに警察が来たかと思って、『何しに来たの!?』と驚いていたら、『じゃかましいわ!』って。次第に他のコの部屋にも警察が乗り込んでいるのが分かって、『私だけじゃないんや』と少し安心してね。それで着替えの風呂敷包を抱えた芥川さんが『元警部補の芥川時雄』って新聞にデカデカと載ってってね。

はっきり言って、私らの時代に働いとったコはヤーさん(ヤクザ)の女だらけやった。ヤーさん自身の女か、ヤーさんが何処かで捕まえてきた女が多かった。『俺の為に働いてくれ』ってモンやわな。

だから、やっぱりバンスがあるわけよ。すると、なかには腑に落ちない女もおるわけやんか。なんで男の為に『何百万も借金背負わなあかんのや』と。それで警察に飛び込まれてやられた」

報道ベースでは以降、一九九〇年から二〇〇〇年初頭にかけて定期的に摘発が行われる。この時分もヤクザの女が多かったのか。

「いや、その頃はもうヤーさんの女は少なかった。一九九八年に捕まった時も未成年のコが警察に飛び込んだのがきっかけやったわ」

一九九八年と言えば、少女(一九)を売春させることを知りながら三重県志摩郡磯部町渡鹿野島の置屋『峰』にあっせんしたとして、手配師の組幹部ら三人を職業安定法違反(有害業務）の疑いで、売春防止法違反の容疑で置屋経営者の女（七二）が逮捕されている。ホストやブローカーによる騙しの手口が多かったというこれまでの取材結果からも、ママが売春をしていた時代はヤクザの女、その後は家出少女などへと変貌していったわけである。

それにしても、ママが売春していたこの時期、ヤクザの女たちの心理状態は異常なものだったに違いない。なにせ、男のためとはいえ、あるはずもない借金を背負わされ売春し続けるのである。まるで、貧困家庭をカラダで支える異国の話のように。

「でもな、ほんとに良い島やったよ。良いというのはな、『男のために』とみんなが同じ目的で来ているやんか。せやから荒んだ気持ちが無いんよ。私にしても『何で私だけ売春して稼がなアカンの』なんて気持ちは無かった。みんな和気藹々で、『どんだけ男に貢ごか！』てなもんや」

みな〝売られた〟意識はなかったというのだ。

「だって売られてないもん。みんな自分の意志で働きに来とるんやもん。私も、惚れた男のためなら『売春でもなんでもしたるわ！』って。だから話も合うんよ。みんなコレ（ヤクザ）がついとるから。でも優しいんやで、とかな」

そんなヤクザの女だらけの時代があり、ときを経て売春島は一九九〇年代中頃から働く女の様相が変わった。次第にホストやブローカーなど多くの女衒が売春島で仕事をするようになり、覚悟がない〝素人〟が主流派になった。少なからずヤクザも女衒商売に手を染めていたようだが、やつらは「カネだけやから」と、彼女はその理由を説明する。

「最初は『俺のために働いてくれ』と言われて来たとしても、会いにも来んわけやんか。カネだけやんか。だからその頃のコの多くは、男から追加でバンスを頼まれても絶対に借金せんかった。『もうアンタのためにはバンスせえへん』と。

私らの時代の男はね、女に売春させても〝情〟があったんよ。様子を窺いに島に会いに来てくれて、二日くらい休ませてくれて、『頑張ろうな』と励ましてくれて。みんなそんな感じやったもん。そうしたアフターケアがあったんや。

もちろん明らかに『男に騙されとるな』と思うコもおったよ。でもな、それでも上手いこと騙してくれとったらええわけやんか。女のコも納得して島に来とるわけやからな」

「タイなど外国人が入り始めた時期と理由はご存知ですか」

「私らの時代の日本の女のコはバンスがあるやん。でも平成に入って島の景気が下り坂になると、店もバンスを出す余裕が無くなるわけやん。詳しくは知らんけど、だからタイのコらは紹介者にちょっと礼をするくらいで使えたんちゃうの」

ママによれば、島の景気が下り坂になり置屋はバンスが出せなくなり安く使える外国人が増えたという。

僕は続いて、置屋が増えた理由やその形態について尋ねた。当然、これまでの取材で四人の女が起点になっていることは明白だが、ママもやはり、スナック形態の置屋が増えた経緯は〝四国出身の女たち〟だと断言した。

「〝Kさんの嫁〟や岡田さんら四人が始めて、その後に続いたんやろうな。経営者は四国や九州出身者が多かったから、四人のつてで来た人らに対し、『アンタらもしてみいや』てなもんやわな。

〝Kさんの嫁〟の親族も置屋をやっているやろう。そんな感じで親族や仲間内で増えていったんやと思うわ。そうして増えた置屋はすべて、スナックみたいな感じやったな。お客さんが来たら女のコが整列して、選んでもらうみたいな。

当時は芸子置屋もあったんよ。昔ながらの女郎さんが島の人らに引き上げてもろうた感じの置屋が。その頃は女のコが一二〇人くらいおったで、ようさんあったんちゃうかな。三～四軒ほどあったスナック形態の置屋のほかに。

その芸子置屋も、みな売春やで。ホンマの芸子はおらへんで。今はコンパ（ニオン）言うけどさぁ、若いコからお婆ちゃんまでおったけど、みんな売春やわ。

私らの時代はみんな着物で宴会に行きよった。次第に『〇〇〇〇（某大型ホテル）』だけになったみたいやけど、昔はどこも着物やで。

だから着物を何着買うたか分からん。島に呉服屋があって、そこで買わされて。みんなツケで買うてさぁ、今日は三〇〇〇円、明日は五〇〇〇円とか、自分の部屋のコタツに入れとくんさぁ。すると、女のコがおらんでも呉服屋さんが集金してくれるんや。だから〝信用〟やわな。

着物はピンキリやけど、安いのでも十数万しとったな。ついでに留袖でも買うたらすぐに三〇万や。そんな着物なんて着たこともないのに買わされてなぁ。でも三〇万なんて『すぐに返せるわ』てなもんや」

「着付けの人がいたのですか」

「私がしとったんや。しばらくして女のコの世話や管理をママに任され、売春は遠慮させてもろうとったんや。だから今の家もママが買ってくれたようなもんやわな。ええ時代やったんや。

時代が変わってスーツで宴会に行く様になったやん。そうなったらもう情緒も何もないよ。昔は着物を少し開けさせて『下着までよ』とか言って、芸者遊びの延長のような感じでエッチをしとったんだから。野球拳とかのお座敷遊びがあってさ、カラオケなんて無いからアカペラや。そんな時代やった。

それがドレスやスーツになり、今は完全にコンパニオンになった。だからお客さんもオモロなかったやろうな。スーツやドレスだと容姿がモロに分かるやん。でも着物ならまあまあのコでも欲情するやん」

その着物が、女を売春で縛り付ける……。これまで聞いた話では、行商のオバちゃんが売りに来て、それを女将連中が買うように仕向けてさらなる借金を背負わせるシステムだった。

しかしママによれば、ママの時代は、バンスはバンスで置屋への借金だが、着物は呉服屋との取引で、売春期間を延ばす工作にはあたらないという。

「着物は呉服屋との信用問題やから。女のコが逃げたら呉服屋は諦めるだけや。店には請求せえへんよ。

手持ちのカネがないコはさぁ、辞めた女が置いてった着物があるやん。そんなん着とったけどさぁ、袖が短いとか不都合があるやん。だから、やっぱり何十万出しても自分用の着物が欲しいわけさ。

もちろん行商もあったよ。宝石屋さんがアタッシュケース持って来とったよ。本物かどうか知らんけどさぁ、みんなツケで買わされて。

でも借用書を書くわけでも、そのツケが置屋に回されることもなかった。行商も、着物と同じで置屋は関係ないんや。すべて信用やで。『また来月来るからな』と言われ、それを払うだけ。だから女のコが逃げたら宝石屋はお手上げさ。

でもな、昔はみんなコレ（ヤクザ）の女やったから逃げるコなんてほとんど居らんかったわけさ。私らが逃げたら男の『メンツが潰れる』と思うわけやん」

ママらの時代は執拗なほど、惚れた男に傾倒していた。

ママが自ら志願して売春島にきたように、その関係が希薄なものでなければ、あの手この手で売春婦を縛り付ける必要もあるまい。

しかし騙されて売り飛ばされた女にとっては、そうではなかった。すぐに洗脳が解け、泳いで逃げるなど脱出を試みたのだ。

そうして脱出者が続発し、警察からお目こぼしされていたにも関わらず事件として報道されるようになった。それにより離島という隔離された場所で秘密裏に盛り上がっていた売春の実態が明らかになり、クリーン化に誘導する者が現れるなど、島の売春産業の歯車が狂っていったと考えられなくもない。

二、『つたや』の黄金期と凋落

そこで駄目押しとばかりに現れたのが事件屋〝Y藤〟だ。ママの見識でもやはり、彼が『つたや』を崩壊へと導いた、ひいては島の凋落を加速させたとするのだろうか。

「ああ、岡田さんのコレかいな」

そう恋人を示す小指を立てるポーズをしながら、ママは続ける。

「私な、〝Y藤〟が現れたその時分はママと疎遠になっとったんよ。だから財産を根こそぎ取られたことは知っているけど、その経緯は分からんねん。

でもな、たぶんママはあの男に騙されとったと思うよ。男女の関係になったんちゃうかな。一度な、岡田さんに『あの男に惚れとるんか?』と聞いたことがあるんよ。そしたら『いや、アッチが惚れとるねん』と言っとった。〝Y藤〟は京都で店をやっとる言っとったけど、ただの一度も連れていかんとやで。そんなの嘘に決まっとるやんか!」

やはり寒川さんが言うように、岡田さんと〝Y藤〟は恋人関係にあったようだ。だから岡田さんは〝Y藤〟に傾倒した。

そしてママは、「『〇〇〇〇（某大型ホテル）』にしても家族向けの施設へとクリーン化したやろ。でも昔のイメージがあるからクリーンになんかなるワケないやんか。それに倣ったホテルや旅館はしかり、昔のように儲かってないやんか」と、寒川さんの凋落理由に同調しつつも、『つたや』の崩壊理由について、〝Y藤〟はもちろん、側で見てきた彼女しか知らない新事実も語られた。

「『つたや』の本館、アレを建てへんかったら廃業にはなってなかったと思うわ。アレに（利益を）食われてもうたんや。『つたや』が暇になったから、置屋やスナックで儲けたカネをホテルの運転資金に回しとったんや。もう、〝Y藤〟が来る前からそんな状態やったわ。

置屋には女のコもようさんおったのにさぁ。バンスで一〇〇万借金しても、『一ヶ月で返せる』ってことで女のコが集まってきていた。そんなコらが二〇人くらいおったんやでな。

もう、どんだけ儲けたか。最盛期、島では『ドラム缶から札束が溢れとる』って噂やったから。もうお客さんが並んでいる状態やったからさぁ。次の客が待っているんやもん。だから数こなしたらカネになる、ってヤツやんか。数？　もう何人とやっているかなんていちいち数えてられへん。置屋は一〇〇万が一ヶ月で返せるって聞けば、どんだけお客さんがおったか分かるやろ。

その頃は、もう（売春）部屋が足りずホテルの客室でもやったりしてたわ。女のコのアパートでやる『自由恋愛の建前』を無視してもう、置屋の奥でもやってたわ。

次から次へと売春婦がやってきて、女のコの部屋が足りず民家の一間も借りとるほどやったで。『アンタ、どこに住んどるんや』と聞いたら、『ここ！』と指差したんが地元の人の家やで。家賃払えばみんな貸してくれたんや。しかも安い値段やないと思うで。

だから大通りは人が歩けんほどやった。肩がブツからずに歩けんかったほど湧いとった。

私がお客さんを取っているやろ？　すると『カラン、コロン』と通りを下駄で歩く音が聞こえるんや。それが聞こえてお客さんが待ってる思ったら、もう『早く済ませなアカン』と頑張ったよ。当時はショートは三〇分一万円やったで。六〇分は二万やったけど、そんなプレイ時間なんてヌイたら仕舞や。苦情もなかったわ。

ちなみに女のコの取り分は三〇分で四〇〇〇円、店も四〇〇〇円。残りの二〇〇〇円はRさ。泊まりは総額四万円で、女のコは一万五〇〇〇円、店も一万五〇〇〇円。残りの一万円は……Rかな、どこに消えとったんやろうね。

でも女のコは可哀想やな。カラダ張っとるのにな」

不満はあるにせよ、そうして島民みなが『つたや』の恩恵に授かった。

「部屋を貸したりなどで潤っとったから、置屋があった方が良かったと思っとったと思うで。旅館にしてもさぁ、宴会が入ればカネが入ってくるワケやん。さらにそのお客さんが女のコと遊べばRももらえるわけやん。それでロングで遊んで、朝になればお客さんと同伴で喫茶店に行ってモーニングを食べる。喫茶店はどこも満員やったよ」

「もちろん売春産業に携わっていない住民もいたのでは。その人たちは売春を苦々しく思っていたのでは」

「当時はみんな携わっとったやろう。旦那が会社勤めしとっても、女房が旅館で仲居さんしとるとかさぁ。置屋があればあるほど、女のコがおればおるほど地元の人らもみんなも潤っとったから。

繰り返すけど、しかも女郎さんらが来る前の売春防止法以前は、島の奥さんらが相手しとったと聞いているよ。売られて来とったという人に会うたこともあるし。『私はな、家族のためにこの島に来たんよ』と言うお婆ちゃんがおって、『家が貧乏で、わずかなカネで売られて来た』『苦労したんやな』と直に話をしたことがあるから。島民の人に借金を肩代わりしてもらう代わりに養女になって」

三橋さんからも養女の話は聞いている。それが伝聞ではなく、彼女が直接聞いた話であれば事実と思って間違いないだろう。

「その養女は借金のカタに売られてきたということですか」

「そういうことやろな。そういうお婆ちゃんも歳でみんな亡くなったけどな。でもな、みんな同じことしているから引け目は無いわけやんか。もちろん島の人らもみんな知っていることやでさぁ。だから働きやすかったんちゃうかな。私も引け目に感じたことはなかったな。『慣れって怖いな』と思ったわ。

置屋で働いていた女が歳を取ると、今度はポン引きに転身したりもするんさ。そうした元売春婦のポン引きもおって、女のコが足らんかったら『私でもいいよ』って。

一九七六年頃に三味線弾く小柄なお婆ちゃんがおってさ、客が『女のコがおらん』と愚痴ったら、『私でどうや』と言われ、客が下駄を持って逃げたという話もあるよ。

当時の宴会には、私らみたいにお酌するコンパニオンとは別に、三味線や太鼓を鳴らす芸者さんも座敷に入ったんよ。だから歳をとった芸者さんが演奏するだけになったり、客引きに転身したりしたんよ。当時はヌード小屋（ストリップ劇場）も二軒あったんよ。その踊り子さんが座敷に出張してくるんや。私らも若かったから興味があるわけよ。そしたら『お姉さんらも見たいんか？　ほら！』と、股を広げて見せてくれとったよ。

それに対抗したのか、『つたや』のピンクコンパではレズショーもやっとった。宴会時、素っ裸になって女のコ同士でエッチなカラミのショーをするんや。それにも岡田さんは大金を投資し、チラシを刷って大々的に宣伝したんや。みんなピンクの下着や赤白の花魁風の着物で揃えてな」

そのレズショーが始まったのは一九九〇年前後のこと。『つたや』ができて数年後だ。ショーは好評で、客が大挙して訪れた。

「私はその照明係しとった。そのレズショーをするコは、お酌もするし売春もするしもう、何でもアリ。そのかわり値段は倍やった。私らお酌だけのコは二時間で四〇〇〇円。でもレズショーのコは一万円近くもらっとったと思うで。

そうして儲かっとった『つたや』が傾いたのはやっぱり、〝Y藤〟のせいなんよ。レズショーは芥川さんの発案なんや。そうしたアイデアマンの芥川さんが生きとった時代は儲かっとったんよ。そのレズショーは、芥川さんが亡くなる時分（二〇〇九年）まであったよ。

だから、〝Y藤〟に財産を根こそぎ奪われたのもそうだけど、アイデアマンの芥川さんを失ったことも大きいわ。外国人より引きがある日本人も多かったしそれに、女のコの質も抜群に良かった。だから〝Y藤〟を頼らず芥川さんに任せておけば再建できたはずなんや。

私が面接して入れとったからもう、そんな内情はよう知っとるわ。『青い鳥』で対面してな。質が良くても、なかには『逃げるんちゃうかな』って思うコもいて、バンスを『一〇〇万欲しい』と言われても、『五〇万しか無理や』と買いたたいたり。

基準は、連れて来る男がしっかりしとるかどうかやな。『このコは男のために働くな』『このコは借金が終わるまでしっかり働いてくれるな』。それで私

芥川さんの発案で始まったという、『つたや』の「レズショー」風景

が岡田さんにバンスの交渉をしていたわけや。

最高額は三〇〇万やで。美人を一気に三人連れて来た男がおって、現金で九〇〇万円出したこともあったんやで。まあな、このコらなら一ヶ月も働いてくれたら三〇〇万なんてすぐに返せるレベルの顔やったから。

管理方法なんて特にないよ。基本的に逃げそうなコは入れへんいうことやわな。たとえ逃げてもな、ブローカーがまた他の女のコを入れてくれればエエわけよ。そのコには逃げたコのバンスが上乗せされ、『借金はお前が返せよ』と諭せば惚れた男のために『分かった』となるから。だから置屋は損せいへんわけよ。

もちろん置屋は、女のコが稼いだ全額は渡さへんよ。でも逃げるとか逃げんとかの話じゃなくて、店も早く回収したいやんか。だから強制的に五〇〇〇円や。それは五万稼いだら一万円とか、臨機応変にな。

そうして締め付けられとったけど、楽しかったな。みんなコレの女やから苦労も分かち合っとるわけや。だから五〇〇〇円しか無くても、『みんなで鵜方まで行って飲もうや』とか。

それが唯一の楽しみよ。主人に毎日、お金を送っとったけどな、それも苦にならんかった。ギャンブル狂いは私らの後の世代の話や。だから悲惨なコは一人もおらんかったよ。『どんだけ男に貢ぐか』ってみんなで競争しとったんやから。

そうやな、私は家三軒分くらいのカネを稼いだんと違う？　いい男やったからな。騙されとると思っとったらせいへんから。

そんな時代を経て、その後に売られてくる女が増えたんや。『一六ぐらいちゃうんか？』というコもおったしな。なかには『芸能人ちゃうんか？』ってくらい、いい女もおったよ。それにな、若い衆がAV女優を連れて来たこともあった」

元闇金の西条が言っていたとおり、女衒からヤクザへのルートで、東京からAV女優までもが売られていたのは事実のようだ。

『つたや』に美人が集まったのは、岡田さんが高額なバンスを出したためだった。

「そのAV女優には三〇〇万出したよ。その男が連れて来たもう一人、北海道の女もバツグンやった。『青い鳥』時代、岡田さんはそのコらで随分儲けたんやで。他のコとはレベルが違ったわ。ホンマ、『この商売できるの？』って聞きたいくらいの」

今の〝売春島〟のような、若い外国人女性や年配女性たちに頼らざるをえない状況ではなかったというのだ。

「でも質のいいコはサービス悪かったけどな。北海道のコは良かった。東京のコでべっぴんは苦情の嵐や。客が選んどるんやで。『このコの方がエッチが上手いよ』、『いや、このコがいい』と。

それで、『サービス悪くても文句言わんといて』と釘を刺すやろ。で、終わったら苦情の嵐や」

「都会のコは股を開くだけで」

「それや。『お風呂入る?』、『背中流そうか?』。その時代からは風呂もあって、そんな昔の遊郭みたいな情緒が常連客を掴んだんや。私らの時代は風呂なんてあるかいな。共同風呂やで」

「そんな苦情はあってもベッピンさんは稼げた。だからバンスが終わっても島に居着くコの方が多かったと伺っています」

「うーん、どうかな。私はバンスが終わったことないもん。いや、みんな島から出たよ。だから質の良いコは残ってへんやん。

というかね、島に長く住むとな、みんな身なりなんてどうでも良くなるんよ。だって都会に出んやろ。昼間に買い物に出かける姿見てみい、『どこのオバさんや』って。もちろん昔はな、みんな儲けとったからオシャレやった。鵜方にミニスカートを買いに来てさぁ。平成になって、稼げんようになってみんな堕落していったんや」

なぜ招かれざる客でしかない僕に、ここまで内情を明かしてくれたのか。そんなことを考えながら、一息つこうと、タバコに火をつけた。顔が強ばっていることが自分でも分かる。

そんな思惑を見透かすように、彼女がこう耳打ちした。

「私は九州の人間やで嘘を言われるのが嫌いなの。でもアンタは『正直に言います』と身分を明かしたやろ。それが気に入ったの」

「ありがとうございます」

恐縮しながらお礼の言葉を述べ、頭を下げた。強ばった筋肉がほどけていくのが分かった。

しばらくすると常連客と思しき初老の二人がやってきた。

これまでのように会話ができないと悟った僕は、咄嗟に聞きこぼした質問を考え、「岡田さんは何回パクられたんですか」と尋ねた。

ママは急かされるように早口で「私が商売しとるうちに三回もガサ入れに来たもん」とまくし立てた。

「旦那が一九七七年にパクられたやろ？　でな、一回パクられたら名義を変えんと経営できんのよ。

次にパクられたのは三年後、ママの弟が名義人になってたけど、また同じサツにパクられた。私も二回目やったから要領が分かっとる。だから布団に隠れて『待てー』と言ったら『ボン！』と、その布団を蹴られてな。それで布団から顔を出して『待て言うとるやろ！』と言うたら『なんやお前か』って。

私は単なる女（売春婦）やからな、パクられたことは一回もないよ。で、三回目はな、たまたま私も数人の女のコを使って置屋の真似事みたいなことやっとんたんよ。でもな、私はマジメな性格やもんでえげつない仕事はしたくない。これは岡田さんに言われたことやけどな、『アンタは情がありすぎる。女をモノと思え』って。

でもな、それは無理やった。だからこの商売は『出来へん』と思って。そのとき未成年のコがケーサツに駆け込んでブローカーのヤクザがパクられてこの仕事を辞めたんよ」

二人の客はテーブル席に腰を下ろした。その対応をするべく、ママは「もちろん私にも絶対に言うたらアカンこともあるけどな」と耳打ちし、その常連客の元へときびすを返した。

僕は、取材のお礼の意味を込めてビールを何本も追加し、そのままビールを飲み続けながらママとの会話を思い出していた。

「他にも知られてない話がいっぱいある」といった、その詳細を問うと、ママはさらなる暗部を話してくれた。内容は概ね、次のとおりだ。

・外国人を増やさざるをえなくなったことも、島が衰退した理由の一つ。これまでホテルや置屋、客引きなど双方が儲かる宴会システムが確立されていた。でも置屋がおいそ

れとバンスを出せなくなり、安く使える外国人を頼るが、不法滞在での摘発を恐れて外国人を宴会に入れないホテルもあった

・置屋が女のコを宴会に派遣すれば、無条件で一万三〇〇〇円のうち五〇〇〇円の儲け。残りを置屋と女のコが分ける。女の取り分は三〇〇〇円。一番可愛そうなのは女のコ。だからショートでなく泊まりの客を捕まえないとダメなのに、外国人の流入により宴会システムが崩壊した。それでホテルは自らの首を絞めてしまった

・カネを払えなくなり売られてきた薬物中毒者も。平成になるまではそんなコが多かった

そのシャブ問題を掘り下げるため、手がすいた様子を見計らってママを呼び止めた。

「シャブはな、岡田さんらの時代に蔓延しとったんよ。芥川さんなんてパワー倍増で、素手で大型冷蔵庫を持ち上げとったんやから。

私らの時代は、男とおるときに『ちょっとしようか』、その程度やな。ガサ入れの時も警察に『腕見せえ』言われたけど、誰もパクられんかったよ。やる言うてもしょっちゅうはやれへんわけやから。でも岡田さんらの時代はオープンやったみたいやよ。女のコをシャブで管理？　それは分からん」

僕の質問に対して答えるだけでなく、ママは常連客の目を盗み、自ら語ってくれたりも

した。

「地元の人らとデキとった置屋のママもおったよ。島の人とデキて、その人がしとった店を取ったという話も聞いたことがあるし。だから地元の人を巻き込んで店を出させたりなどしたことも置屋やスナックが増えた要因と違う？

　岡田さんも言うとった、『妻子持ちの男がやっていたスナックを乗っ取った』と。だから最初の置屋は、その人に『店をやらせて』と頼んだのかもしれん。その嫁さんが愚痴をこぼしとったもん、『岡田さんにはえらい目に遭わされたわ』と。旦那はシャブ中やったからな。だからクスリと女の武器で男を取り込んだと違う？

　でも〝Y藤〟の件は、逆に惚れてしもうて甘くなったんやろうな。旦那や、その男にない部分があったんやろうな。『大事にしてくれる』と言いつつも、『騙されてへんやろうな』と、心が揺れとったもん。

　岡田さんも薄々感じていたと思うわ。なにせ海千山千の男やで。

　芥川さんから電話かかってくるんや、『お前のところにおっかあいるか？』と。でも岡田さんは〝Y藤〟とスナックで飲んでいるワケやんか。で、岡田さんが私に小声で言うわけさ、『アンタ、一人で来ている言うて』って。そんな浮気の偽装役もしとったさ。だから芥川さんは可哀想やった。いい男やったのに」

ママは、酒でエンジンがかかり、さらに饒舌になった。

「昔はホンマに質のいいコがいたんやで。なにせ東京や北海道から入れとったから。ルートは主人さ。主人が直接じゃなかったけど、ヤクザのネットワークがあるわけやんか。『姐さん、女のコ入れたいという男がおるんやけど』『なら一回、会おうか』って。ブローカーがA組の若い衆に話を持ってきて、そこから私に話が来るわけやんか。

そうした私の過去を知っているのにアンタ、ここに来たから気に入ったんよ。

私は舎弟連中の嫁さんの中で本家の親分に一番可愛がられた、〇〇〇〇の嫁やん。ものすごいええ親分でな。

それでも島では岡田さんの方が立場が上やん。私は舎弟の嫁やけど、岡田さんはコレ（売春）の商売やんか。もちろん歳も上の大先輩やしそれに、若い時から世話になっているからな。

だから置屋は組織にショバ代（場所代）を払っとらんのよ。ウチの旦那もエエとこのコやったから、『そんなことはするな』と。せやから私が苦労したやんか。カネももらわんと人の世話ばっかりしてやで。

旦那が死んだ時、岡田さんにこう言われたわ。『アンタの旦那に一〇〇万貸してたんやけど』って。でも、その時ばかりは『そんなん知らんわ』と、突っぱねたわ。他に女がおって、金がないから私に内緒で借りとったんやろうな」

「最盛期はいつ頃だったのですか」

「たぶん私らの時代（一九七〇年代後半から八〇年代）やと思うわ。岡田さんらの時代は女のコの数も少なかったと思うよ。

なかでも流行っとったのは『つたや』やな。くどいようだけど、理由はバンスを多く出すということや。五〇万しか出さんかったらそれなりのコしか来えへんやん。『つたや』は何百万でも出しとったから、それだけいい女のコが来るということやな。さっきも話したように、私が見た中では三人で九〇〇万が最高や。それも即金やで。どんだけのカネをどこに隠しとるんや、という話や」

「ママらの時代で女のコは何人いたんですか」

「正確には分からんけど、島全体で一〇〇人くらいやと思うわ。三〇〇人？　それはあり得んわ」

「大阪府警も遊びに来ていたそうで」

「フツーに来とったさ。だからもう、何でもアリやったんやで。芥川さんなんて、岡田さんと知り合う前も後もヤクザと繋がっとったさ。ヤクザの事務所に行って小遣いもろうとったわ。

それで辞めたあと、今度は警察から情報をもらうためカネを払っとった。私はそんな裏事情も全部、知っとったさ。だからちょっと仲悪くなったら目の上のタンコブさ。でもな、私は裏切り行為はせんかった。もう時効やからこうやってアンタに話しとるけどな。

昔な、現役の警察官のところに『行ってくる』と五〇万持っていってやで、その日の夜に手入れがあったわ。サツが夜中の二時に船で来てやで、芥川さんらは家の電気付けて待っているんやで。つまり（手入れの）情報が入っとるやろ」

「だから一九九八年の摘発事件はブローカーのヤクザだけ人身売買で起訴され、置屋は処分保留で釈放されているのですか」

「そうやで。置屋商売だけならカネで安全が買えるけど、女のコがケーサツに駆け込んだら事件にせなしゃーないからな。だから置屋だけは助けてもらう代わりに芥川さんは、事前にカネを渡しとったんや。にしてもサツと一回会うのに五〇万やで。そんだけ儲けとったたってことや」

「だから『つたや』はイケイケだったのですね。ヤクザも警察も抑えて」

「政治家も抑えとったな。それにA組いうたら直参やで。何も怖ないわ。

もう知っとると思うけど、私はA組の海水浴を一〇年間仕切っとった。『オイ、一〇〇万で全部仕切れ』と親分に言われて。だから鶴橋から肉仕入れて、志摩の海でアワビを取って。もう、誰にも負けんくらいのバーベキューをセッティングしたよ。それで夜は『つたや』を二日間貸し切って、総勢一〇〇人で宴会するわけやんか。現金で五〇〇万『ポン！』と払うて。いい思い出やわ」

ママの話をまとめると、若杉さんが証言する旧五島組、その関係者が山本次郎さんから資金提供を受けて売春島の〝第二期〟繁栄期が始まったという部分をのぞけば、他は、これまでの取材に沿った事実があったことになる。

その歴史を完璧なものにするためにも、やはり〝Kさんの嫁〟にも話を聞きたいという想いが沸々としてきた。すでに七〇代後半だという彼女。そしていまも生き字引として売春島に君臨し続ける彼女に接触すれば、ママが知らない過去を掘り下げることができるやもしれない。

この取材に大きな手応えを覚えつつ、そう新たな取材へと頭を働かせていると、ママの計らいで、居合せた常連客からも最盛期の話を聞くことができた。

初老の男が言う。

「俺もよく遊びに行ったさ。一九九〇年代がバブルのピークやろ？　それから七～八年はまだ景気が良かったからね。オレは板前なんやけど、スケ（助っ人）に入るとものの数時間で三万円くれたんさ。それもって『ちょっと遊びに行こうか』って。

なんでもアリさ。二輪車（風俗店における客一人、嬢二人による3Pプレイ）もしたことあるで。当然、カネもいるけどさぁ。

知り合いの置屋さんに、『ちょっと店番してや』と言われて行くやん。で、朝になったら自分の仕事に戻るやん。で、その一晩で現金が一〇〇万以上あるんよ。その大金を持ってかないかんのが嫌でさぁ。自分のカネなら嬉しいんやけどさぁ。

置屋の儲けは一晩に一〇〇万、二〇〇万なんてザラやったな。三〇万、五〇万なんてちり紙みたいなもんさ。それほど流行っていても、なかには売れ残るコもおるやんか。やっぱりママとの付き合いで買うたらなしゃーないコが出て来るんよ。だから『しゃーないのぅ。ママの取り分はナシ。原価やぞ』言うて。普通なら三万五〇〇〇円のところ、二万でオールナイトよ。暇な日に『ちょっと遊んだって』って言われるやん。オレは『しゃーないのぅ』って原価で遊ぶやん。すると売れ残っているコがついて来るのよ。それで結果、二輪車になってしまうんよ。

平日は暇やんか。やっぱり土日に宿泊客が多いから平日は、客の取り合いやんか。顔が良くて若けりゃ売れるのは早いけど、ショートは入っても泊まりまで入るコは少ないよ、平日は。二〇〇〇年以降はほんま落ち目やね。また今から七～八年前からはさらに落ちたね。同時に、稼げんから女のコの人数も少なくなった。今なんて一〇人もおらへんのちゃうんかい。

昔は奈良のヤクザ屋さんが、奈良から女のコを入れとった。〇〇〇〇にも置屋があって、同じ女のコばっかりだと客も飽きるんでローテーションさすわけよ。そんな場所を複数持ってれば、常に鮮度を保てるやん。

ねーちゃんは絶対に回転させる。やっぱり客は新人を求めるからね。コリアンのねーちゃんは、観光ビザで来て三ヶ月だけ稼いで帰るコもおったしさぁ。外国人はビザの関係でどうしても地方の繁華街とか取り締まりの緩い地域で働くやん。偽装結婚でもして永住権持っとれば別やけどさぁ」

女二人対男一人での二輪車プレイが可能で、韓国人もいたとは、初耳だった。

ただ、そんなバブル期の話をテンション高く話されても、衰退してからの〝売春島〟しか知らない僕は、現実味のないまま「へぇー！」と驚いてみせるしかなかった。

そうして僕が怪訝な顔をしていると、内部事情を隅々まで知る彼女は具体的な数字を出してこう助言した。それは、これが〝売春島〟の最盛期の顔だと納得せざるを得ないほど説得力に満ちていた。

「さっきも話したけどな、バブルの頃の『つたや』はカネがドラム缶から溢れとったいうんやから。一人が月に二〇〇万稼ぐやろ？　それが二〇人おってみい。年間四億八〇〇〇万や！」

第七章　島民たちの本音

一、地元の声

浄化の流れは一九九〇年頃から始まった。行政主導ではなく、旅館組合など島民たちからその話が持ち上がり、それに行政が乗った形だったと、三橋さんは証言した。

旅館組合長の『〇〇〇〇（某大型ホテル）』は、その旗振り役だ。今も昔も、この島の表の顔として君臨し続けている。

その背景には、「『つたや』への妬みがあった」と寒川さんらは言うが、摘発が相次いだこの時期、そうしてクリーン化に舵を切るのは仕方がなかったことだろう。それは、組合員の大多数が賛成したことからも頷ける。

しかし、〝Y藤〟による『つたや』崩壊というハプニングがあったにせよ、浄化を押し進めた〝売春島〟の景気は凋落し、今や風前の灯火だ。

この窮状を、Rや住居の貸し出しなどで置屋から恩恵を受けていた島の住民たちは、いったいどう感じていたのか。寒川さんはこう胸の内を打ち明けていた。

「昔はいい時代でした。小さな民宿さんにしてもみな売春で潤っていたわけやから。普通の旅館経営だけではとうに潰れていたかも分かりませんよ」

むろん、この島はその時期から、表向きは売春産業を隅に追いやりつつも、裏では置屋と手を組んできた。それは今も昔も変わらない。

そして、一方で進められてきたパールビーチなどの観光地化への整備は、かつての栄光とまではいかないが、少なからずカップルや家族連れなど新たな客層を呼び込むことに成功していることも事実である。

これを僕は、取材で何度も島を訪れることで実感していた。鵜方駅からの送迎バスから船着き場で降りる多くの家族連れ、渡し船のなかで居合せた若いカップルたち、はたまたガイドを先頭に大型ホテルへと吸い込まれていく団体の高齢者たちに至るまで。このまま発展すれば、やがて売春産業を追い越す日が来るかもしれない。そう思わせられるほどの客入りをつぶさに見てきた。

が、寒川さんの見立ては、さにあらず。

「ホテルや旅館は、値段の割には良いおもてなしだと思います。また『〇〇〇〇（某大型ホテル）』には温泉もあります。

でもね、温泉を目的にくるなら近隣の榊原温泉しかり、三重県内には名の知れた温泉街がゴマンとあります。美味しい魚介類を食べたいなら、わざわざ島に渡らなくても志摩にはアワビや伊勢海老やら豊富な海産物でおもてなししてくれる旅館がいっぱいあります。そこで食べられるのは本当に新鮮な魚介類ですよ。渡鹿野島には青のりとナマコ漁師くらいで、魚介を取る漁師はいません。だから島で食べられるのはみな志摩などから買ってきたものです。

それに観光スポットなんて何もないですよ。なら、なぜ渡鹿野に行くのか。目的は女のコしかないでしょう。行っても売春以外に何もすることはないでしょう」

「その何もすることがない、ひいては時間が止まったように寛げる、ということで昔は島に行った人も少なくなかったそうです。風光明媚な島に渡り、釣りなどをして余暇を過ごしたと」

「昔はそうだったみたいですね。でもね、釣りなんて他の場所でできるでしょう。パールビーチにしても、あんな人工の砂浜じゃなくて、近くにもっと自然の海水浴場があるでしょう。渡鹿野は女のコ目的で来る島。それでずっと成り立ってきたわけです。それを無くそうとすれば、そりゃ衰退しますよ」

寒川さんは、そもそも売春は、島に仕事がない住民たちが生き抜く知恵だったとの見解を示した。

「ホテルや飲食店以外に産業なんて何もないでしょう。農業しかり漁業しかり、それだけでみんなが生活できる産業ではないでしょう。だから残る住民もみな島を出て勤め人として働いているわけで。宿や飲食店を除き、地元の人が島内で働いているケースはわずかなはずです。

　若い人が島に定着しないのを見れば、それは明らかですよね。旅館や店の息子として生まれ、家業を継ぐケースはあるにしろ。仕事のない高齢者は年金暮らしや生活保護受給者が多い。海岸べりのベンチに座っての井戸端会議が日課の」

「そうした現状について寒川さんが知る限り、島の住人らはどう思っているのですか」

「商売している人は別として、一般の人からすれば逆に穏やかなんでしょうね、何もすることがないから。それなりに穏やかに『過ごせればええ』くらいにしか考えていないと思います。また売春で街が活気づけばええのになとかは考えてないと思います」

「では、そうしたクリーン化の流れに対して、商売をしている人らが『もう一度売春の島にしよう』というような反対の動きはあったのですか」

「ないですね。観光業推進派に流されていますね。もちろん行政の意向もありますからね。そうした浄化の大きな波に飲み込まれています。

　私はいっとき頑張ったんですけどね、もう一回『やったろか！』と」

「その〝頑張る〟とは、具体的に」

「女のコを増やすということです。島を訪れて、美人がいて、人数も増えていたとなればまた、自然と口コミでお客さんは集まりますからね。

　今からでも遅くないはずですよ。例えば都会の高級キャバクラ店を島に移転させられれば、絶対に客は増えますよ。（女のコが）おらへんから客が来ない。もちろんそうした行動力や気概のある人間もいません」

「なぜいないのですか。そうした土壌があるのに」

「行政や旅館組合の方針というのが、まず一つ。それに、女のコを増やしたからといって、すぐに客が増えるわけじゃないからね。やっぱり半年、一年はじっと我慢しないとでしょうから。その間ずっと女のコを繋ぎ止めるなど、客が来るまで資金力との我慢比べになります。稼げない期間も女のコがずっとおってくれれば可能なんでしょうが」

　売春は、既に〝特効薬〟としての効果が薄れつつある。寂れたイメージを取り戻すのは容易ではない。

　それにはA組の姐さんも、「ホンマはね、あんな島があった方がええんやで」と同調するのだった。

「〝ファミリー向け〟の島へと変貌させたやろ？　だから廃れたやんか。昔のイメージがあるからクリーンになんかなるわけないやんか。

　地元としては『やっぱりアッチの方（売春）はなしや』と、観光の方で頑張ってみたんやけど、いったん離れた客を呼び戻すのは大変やと思うから。その後は見ての通りや。

やっぱり昔のままでいて欲しかったわ。でも、もう一回、商売しようなんて気はまったくない。私は今の生活で充分やわ」

むろん、これは売春推進派の意見に過ぎないだろう。そして、既に売春産業から手離れしているからこその見識なのかもしれない。何より、Rや住居の提供などの間接的な利害関係はあるにせよ、直接的には売春産業に関わっていない住民たちにも話を聞かなければなるまい。


ふたたび、三重県志摩市の渡鹿野島。果たして、今も〝売春島〟で暮らす島民たちはどう見ているのだろうか。クリーン化のことや、それにより淘汰された置屋、組合に反対するような向きはなかったのか。売春を捨てる選択は正しかったのか、否か――。

僕は聞き込みを開始した。正確を期すためにも、潜入取材の類いではない、取材者である身分を明かしてだったことを付記しておく。

古くから島で商売する飲食店の店主は言った。

「栄えた時代を知っとる年寄りやからさぁ、やっぱり下火になったから『昔は良かったねぇ』って話ばかりなんやけど。でも、もし栄えてきたときに、果たしてこの島で働く人がいるだか……。ここはさぁ、高校が近辺にないからさぁ。すると伊勢市まで出て下宿になるからさぁ。そうして街の味を知ったら若いコが帰ってくるわけないよね。

やっぱりね、女のコの島のほうが潤い具合が違うと思うわ。最盛期はね、家賃にしても雑貨にしても都心より高かったんよ。畳一枚の価格が一万円以上、四畳半に台所がついたらもう一〇万円したから。それが賄えるほど潤っとったわけ。そんな時代を知っとるからさぁ。

クリーンとか言ってさぁ、わざわざ船に乗ってまでこの島に来る？　よっぽど魅力がある観光施設がないと無理でしょう」

居合せた地元生まれの老女にも意見を求めた。

「私もアパート経営で潤っていましたけど、今はほとんど空き部屋の状態です。だから復活して欲しいとまでは言わんけど、昔は良かったなと思いますよ。それにここまでダメになったらもう、復活は無理でしょう。老人会という寄り合いがありますが、人数も少なければ、七〇過ぎた私が若い方ですから。女のコも数人しかいない。それだけ人がいないんです。だから今は宴会するにしても、島に女のコがおらんから外部の派遣コンパニオンに頼っている状態です。

はっきり言って、昔は売春に頼っていた島でした。ほんとそうです、この島の全部が。一〇〇パーセントと言っても過言じゃないよ、みんな何かしら恩恵を受けて潤っとったわけです。オネーチャンがおればタバコ一つ、自動販売機でジュース一つにしても買ってくれたんですから。いくら『私らは関係ない』と言っても、関係ないでは通らへんのです。

だから女のコの商売がダメだとか、そんなことは全く思っていなかった。みんなそうだと思います。私が幼い頃からね、風よけ街として船が港にバーッと停まって。もうその頃から遊郭が何軒もあったんですから」

　僕は、先の店主に渡鹿野島の行政担当者は売春があることは認めるが、島外の行政はそれを認めないことについても質問した。

「隠しますよね。でも考えてみいや。どこの店でも旅館でも売春の女のコたちのおかげで事業が拡大できたわけやんか。そのRだけで大きな一軒家を建てた仲居さんもおるんやで。給料よりRの方が大きかったんさぁ」

　他にも数人の住民に聞いたところ、浄化の旗印である『○○○○（某大型ホテル）』に対し、いずれも辛辣な意見で埋まった。なかでも、ある老婆の意見が僕の心に響いた。

「クリーン、クリーンと言うとってさぁ。自分とこもそれで儲けたはずなのに、いまは『ウチは関係ない』って。それで他所では『けしからん』と隠すわけやんか。

　それなら手数料（R）を取らんでもええわけやんか。でも、いまでも取る。だから他のホテルや旅館をしとる人らが怒っとるわけさぁ。

『女のコも少なくなったなぁ』でええわけやんか。今も女のコがおって、それによって少しは恩恵があるわけやから。綺麗ごとばっかりや。何も隠さんでも、なあ！」

むろん、クリーン化について前向きな意見も聞けた。僕が、「それでも、明らかに売春産業よりは潤っていないのでは」と指摘すると、別の飲食店の女性はこうこぼすのだった。

「私たち地元としては……、パールビーチはもちろん観光客を呼び込む手段をいろいろ考えているんですよ。二月のバレンタインデーにイベントを開催したり、アオサなど島ならではの特産物でアピールしたり。だから、少しずつですがお客さんも増えて来ました。そうして島を盛り上げる策を考えてはいるんです」

本音か、それとも建前か、こうして島の景気が衰退するなかで、クリーン化は発展途上であり結論を急がないで欲しい、といった口ぶりだった。「もちろん女のコのアレで来てくれるお客さんもありがたいけど」と、売春を〝アレ〟と濁しながらも否定はしない飲食店の女性に「では売春が無くなって欲しいとは思っていないのですね」と突っ込んで確認すると、こう複雑な胸中を吐露した。

「なくなって欲しいとは……。島がそれで潤ってきたのは事実で、それをどうこう言うアレはないと思うし……。あのコらにとったら、それが仕事やし」

「でも行政はダメだと押さえつける。というか、浄化の流れに向かわせようとしています。それに対して『こちらにも生活がある』という想いはありませんか」

「ウチのようにお店している人らは別として、一般の人たちはどっちがいいとも感じてないように思います。今まで自然の流れでこうなっている、といったら変やけど。アカン、という必要も無いし、批判もなければ、行政に寄り添うこともないし」

僕は、さらに本音を引き出すため、もっと話しやすい一般的な質問に切り替え、順を追って深堀りすることにした。

「いま島の人口は何人くらいですか」

「三〇〇人もいないんと違いますかね。それは島のホテルに住み込みで働く人も含めて。うち一般の人、商売してない人が半分くらい。やっぱり若い人らは外に出てしまいます。だから年寄りが多いですね」

「なぜこの島で売春産業が始まったかはご存知ですか」

「それは分からないです。私が嫁ぐずっと前のことらしいですから。それにね、（売春のことを）知る必要も、考える必要もないし。私は、ここの仕事、自分の家族のこと、子供たちのことで精一杯ですね。

もちろん（売春している）女のコがお客さんとして来てくれるのはありがたいこと。何回も来てくれれば名前も覚えるし。でも悪いけど、なんで売春しているかなんて聞く必要もないし、また聞かれたくもないやろうし。だから私は『今日は寒いな』、『かぜ引いたの』など日常会話をするだけで」

「例えば東京には吉原という風俗街があります。地元の人に聞けば、大半は生まれる前から身近にあった日常だったそうです。が、親から『近づくな』と言われていたという少数意見もありました。この島では、一人の親として子供たちに『置屋街には近づいちゃダメ』などの教育があったりしますか」

「うーん、狭い島やから子供たちも成長と共になんとなく分かりますよね。中学生くらいになれば〝変な島〟やと分かっているかもしれへん。でも、あえて子供たちには言いませんでした」

「島での生活があり、そこに売春があり……だから、あえて言う必要もないと」

「そうですね。『何で（売春があるの）？』と聞かれたこともないし、あえて言うのも変やから。でも一応、真っすぐ育ってくれたから良かったと思っていますよ。まあ、子供らに聞かれたら答えたでしょうけど。それに夜に遊ぶ場所なんてないし。目の前で売春しているなんてこともない。休みの日は別として、平日は次の日学校があるからダメだと言っていましたからね。それはね、別に置屋に近づくのがダメじゃなくて、夜遊びするのがダメってことです。これは普通、島以外のどの家庭でもダメじゃないですか」

僕は、一〇代という多感な時期に売春産業に反発し、この島から飛び出した、ある女性の話を思い出した。その彼女は、大人になって売春島に舞い戻り、家業を継いで旅館の女将になった。

「フーゾク的な取材は、ちょっと……」

そう後ずさりした彼女は、今、地元の男性と結婚をして、この島での旅館業を生活基盤にしている。その言葉は、売春を捨てきれないという切実なもがきのようでもあった。

飲食店の女性に質問を続けた。

「いま営業されている商業施設は……」

「宿泊系は『福寿荘』、『はいふう（福寿荘系列）』、『浮島』、『喜久住』、『三好』、『はな（福寿荘系列）』、ペットホテルの『わたかの荘』……。それに飲食店が数軒です。商店や美容院や娯楽施設みたいなところはほとんど閉まりましたね」

弱体化したこの島には廃墟が目立つ。隆盛から衰退への大きな変化を実感させる証言だった。

「置屋は？」

「うーん、それに関しては、私は答えられないですね。そういう商売している人らもみんな、ウチにしてみたらお客さんやから」

家業を継いだ女将同様、この女性ももがいているやもしれない。飲食店経営であっても、間接的にリンクしているのだ。

「女のコはタイ人ばかりですか」

「うーん、日本人のコも若干いますけどね。併せて一〇人もいないほどです。だからホント、家族連れの方が来てくれる方が多いですね。あとは釣り目当てのお客さん。でも釣りの人は、魚は夜や朝方が釣れますから、夕方に来られて夜とかに帰られる人ばかりです」

「では現在の島のウリは、売春ではなく釣りや料理だとお考えなのですね」

「そうですね。みなさんに来てもらえるような島に変革している過渡期なんだと思います」

こうした取材結果をふまえると、いまも売春島で暮らす人々の、売春産業との距離感がはっきりした。少なくとも「無くなって欲しい」とは願っていないのだ。

たしかに商売人にとって、現状、島で生活するためには、置屋が必要不可欠であり、たとえ非合法であっても、声高に肯定もできなければ否定もできないというのが本音だろう。

そして、クリーン化へのジレンマがあるのも本音のようだ。その流れが始まってから、もう二〇年以上になる。島の景気は、そのまま人々の生活へと直結している。待てど暮らせど一向に改善しない景気に対し、昔の栄光になぞらえ「売春島の方が良かった」との不満が燻るのは、自然な流れなのかもしれない。売春の恩恵を受けていない人は、この島にはいないのだ。

二、売春で暮らす娼婦たち

飲食店を離れ、緩やかな時間が流れる島のメインストリートを歩いた。しばらく歩を進めたが、誰ともすれ違わない。島民がいれば立ち話でもとチャンスをうかがっていたが、そのまま目的の場所についてしまった。バブル期は、「肩がぶつかるほど客が沸いていた」というこの通りで。

僕はこの島にある、いまも売春置屋と提携して娼婦を紹介してくれる宿の一室にいた。週末は予約が入っているというが、平日の今日は、他に宿泊客はいなかった。

宿には、宿泊と同時に宴会の予約を入れていた。

繰り返すが、宴会とは、夕食時に置屋から女のコを派遣してもらい、顔見せがてらにお酌などの接客を受ける、客が望めばそのまま女のコのアパートに移動し朝まで過ごせるという、売春島ならではの名物コースである。

他でもない、目的は女のコに本音を聞くためだ。他の取材をするなか、同時に現役でこの島で働いている売春婦、それが無理なら元でもと方々に網を張っていたが、ついに対象者を捕まえることができなかった。故に、これまで同様の体当たり取材に相成った。苦肉の策だった。

　そこには計算もあった。こうして宴会から入れば、多くの会話の時間をつくれるしそれに、女の実入りも相当額になる。たとえ僕が取材者であっても、客でもある以上はそうそう無下にはできないだろう。

　もちろんこれまで同様、取材者である身分を明かすことも決めていた。過去のように潜入取材で語られる言葉では意味がない。

　その女は派手さがないスーツで身を包み宴会にやってきた。こちらの、一介の好事家とは思えない会話の流れから、警戒している様子がみてとれる。

　この島で八年ほど置屋に所属する、ミドリ（仮名）という女性だった。僕は、宴会から、古びた女のアパートへと移動したところで「取材者である」と切り出した。コタツに足を入れて水割りを作っていたミドリは、「やはり」といった表情だった。そして言った。

「サミットの時にも内緒で取材の人がきた。その体験記が雑誌に載ったんさ。『サミット会場の近くに売春島があってええんか！』みたいにバーンと叩かれたんさ。すると警察も動かざるをえへんやんか。それでいろいろあったから、やっぱりそんなの嫌やん」

　僕は、そんな騙し打ちは簡単だしそれに、過去にも腐るほどされてきた。また潜入取材では心の内は見えてこない。だからこうして身分を明かしている。消えようとしている売春島で今も暮らす女の本音が知りたいのだと力説しながら、続けた。

「島の人たちに聞くと、売春しているコがコーヒー一杯を飲みに来てくれること一つにしても、自分たちの生活の糧になっていると言うわけよ」

「そうやね。島の人たちにとってはいいことやろうね。やっぱり女のコがおるからお客さんも来るわけやからね。言うたら旅館も、女のコあってのことなんよ。この島が潤っていたのは、料理や観光だけではないからね。まあ、〝ウォール街〟はそんなことないかもしれんけど、ね」

ミドリは大型ホテル群を、ニューヨークのオフィス街になぞらえ皮肉り、「旅館は女のコがおらんとダメだと思う」と言う。

「女のコが減ったから旅館も減ったと考えればいいのかな」

「それは考え方やけど……。やっぱり女のコも歳をとってくるわけよ。今の日本人は四〇代、五〇代、それ以上ばっかりよ。そんな高齢化に対して、今は若いコが来るような稼げる島ではないんじゃないの」

「フーゾクが多様化したからね」

「そうやね。若いコにしたらデリヘルの方が稼げるだろうからね。競争も激しいから大変やとは友達が言うとったわ。だから最近、その友達が『私も島に来ようかな』とは言っとったけど、結局来んかったわ。

なにせこの島は遊ぶところが何もないからね、都会と違って。買い物するにしても苦労するところやから。まあ、着飾らんでもええし、教育もないから、お金のことを抜きにすれば楽なんやけどね、ほんとは」

「教育……ああ、プレイ講習もない」

「ないない！　接客もプレイもなんでも、女のコの自由よ。昔は知らんけど、今は面接もないから誰でも働ける。その代わり保証もないけどな。すべて自分次第よ。だから昔からおる人はやっぱり、努力はせんよね。ただ待っとけば客が来た時代をなまじ知っとるから。昔はかなり儲けたやろ。その感覚でやっとると、今は絶対に無理なんよ」

「ミドリは努力しているの？」

「そりゃしとるよ、若く見せるために。接客もそうやよ。やっぱり楽しんでもらってリピーターになってくれやんといかんから」

ミドリは「半分は嘘かもしれんけど」と言いながら答えていたが、すでに取材者である僕への壁はほとんどないと感じていた。それは「嘘をつかれるのは嫌なんさ」とも言っていたからだ。

半分嘘とは、置屋や旅館などには極力、迷惑をかけたくないという、彼女なりの保身から出た言葉なのだろう。だからこうして本音に近いと思える会話を続けさせてもらえているに違いない。

もちろん僕も情報源が漏れない範囲で本音でぶつかった。かつて女衒により騙され、時には売られた女が多かったこと、未成年者も少なくないことなど、これまでの取材結果をミドリに話したのだ。

「私が最初にここに来た八年前は売られたコがいたよ。半年くらいで借金を返し終わったけど、その後もしばらく働いとった。ほら、その頃はまだ稼げとったから。でもな、しばらく休んでまた三年前に来たときにはもう、そのコはおらへんかった。だから、今はそういうコはおらへん。私が知る限りそのコが最後や。

それにな、昔みたいに股を広げるだけで稼げる時代は終わったよ。それはもう、私が島に来た八年前から格差があった。やっぱりねぇ、バブルと一緒やね。バブルを知っとる人は昔の栄光が捨てれん言うやんね」

「逆に島に居着いちゃうんだ、かつての栄光を捨てきれなくて。だから現状、高齢の女の人ばかりなんだ」

「そうかもしれんね。歳も歳やし他で働けんというのもあるやろうけど、やっぱりここが楽なんやないの。決められとるのは、女のコの取り分とプレイ時間くらいやから」

そこまで話すと、彼女は一息ついて水割りのおかわりを作った。その頃にはもう、カラカラと、マドラーで氷とグラスがぶつかる音をさせながら、彼女の方から僕に「あとは何が聞きたいの？」と言ってくれるまでの距離感になっていた。

六畳一間の簡素な和室、コタツで寄り添いながら話していた。真後ろには布団が敷いてある。本来ならこの彼女の部屋で、〝自由恋愛〟の建前でセックスをする。これまで何十人、いや何百人の好事家たちがこの布団に入ったことだろう。

彼女は仕事の準備に取りかかろうとしていたが、それを僕はやんわりと断りながら「ミドリの境遇も聞きたい」と、続けた。

「私？　私は借金とか売られたとかは一切ないから。マジでノリで働きに来てずるずると続けているだけなんよ。結局な、売られたとかは昔だけやで」

東海地方で二〇代前半からホステスをしていた彼女は約八年前、この売春島にやってきた。きっかけは、既にこの島で働いていた悪友からの紹介だったという。

一年ほど働き、ある男と結婚。離婚して三年後、また島に出戻り、今に至るという。ありがちなパターンだが、いくらノリでも、当時はまだ三〇代前半、しかも風俗経験がなかった彼女のこと、いきなり売春島に来るにはそれなりの理由があるはずだ。

「昔は硬派というか、風俗とかは軽蔑しとった。もちろん処女じゃなかったけど、援助交際とかもしたことがなかった。上手く言えんけど、何かでタガが外れたんやと思うわ、『別に減るもんじゃないし』って。

あえて言うならお金かな。借金とかじゃないけど、将来のために貯金がしたいって気持ちはあったから。別に売春島じゃなくても良かったんだけど、たまたま友達がここで働いとったから。やっぱりホステスよりは稼げたし、若ければもっと稼げたかもしれん。だから、もっと早よから来ればよかったなと思っとるくらいやわ。

なんで居着いたかと言えばな、宴会が楽しいからおるだけ。だから私は、ヤルだけの箱（店舗型ヘルス）は嫌なんよ、（セックスするだけの）機械みたいで。やっぱりお酒飲んで、会話して、仲良くなって……人と人との触れ合いがあるのが好きなんや」

「なら後悔はないんだ」

「うん、楽しいし。もちろん嫌なこともあるけどな」

「その嫌なことって……」と尋ねると、「人生、誰でも嫌なことあるやん」とはぐらかした後、本音を吐露した。

「そろそろ辞めやなあかんと思っているよ。もう歳やもん」

家賃や賄い代を徴収する置屋もあるが、彼女が所属する置屋の親方は、家賃と光熱費を負担してくれている。賄いシステムがないので、食事代を取られることもない。そんな手厚い援助も、彼女をこの島にいさせる理由だという。

「それでも五〇代の先輩もいるんでしょう。まだまだイケるんじゃないの」

「それが落とし穴なんや。ここにおると感覚が狂ってくるからな。ここにおるとな、なんだかんだでその日暮らしができるんよ」

客も減ったが、女のコも減った。それで需要と供給のバランスが保たれている。単純な構図である。

「しかも出費はご飯代くらいやろ？　危機感が生まれんのや。だからずるずる働いとるんやろな。まあお客さんがつかんようになったら辞めようと思っとるよ。足掻いとってもあかんから」

そうして辞めどきを探るミドリは、今もこの島での売春で生計を立てている。売春産業を直接の実入りとする彼女は、疲弊した島の現状をどう感じているのか。

「もっと潤って欲しいと思っとるよ」

「それは健全な観光地化で潤ってもいいという意味？　それとも売春で？」

「どっちでもいいけど、観光地になれば結果、潤う商売が決まってくるよね、『〇〇〇〇（某大型ホテル）』さんグループだけと。それはそれで良いとは思うけど、結局、観光地にはならへんと思うわ。

実際な、『〇〇〇〇（某大型ホテル）』にカップルで来るやろ？　それで売春島やと知ったら、次は男が一人でくることが少なくないんやで。家族できても夜、旦那さんだけ買いに来たりだとか。

だから売春は絶対になくならへん、需要があるもん。それにな、観光っていっても島のどこをウリにするの？」

それには僕も同意する。にしても、なぜ『○○○○（某大型ホテル）』に客が来ているのか。

ミドリはこう内情を説明した。

「『ミステリーツアー』と言って、行き先を隠したツアーの宿泊場になっとるんさ、『○○○○（某大型ホテル）』さんは。ツアー会社と組んで上手くやっとるんさ」

スマホで調べると、確かに『ミステリーツアー』と題した行き先不明のツアーがあり、『○○○○（某大型ホテル）』はその宿泊場に組み込まれていた。それにしてもミステリーツアーとは、実に言い得て妙である。謎多きこの島のこと、このツアーには最適の場所なのかもしれない。

「しかも島の地形がハートの形やろ。だから『○○○○（某大型ホテル）』さんは、それにちなんで『ハートアイランド』として、この島に来たら恋愛が成就するみたいに売り込んどるみたいやけどな」

〝売春島〟を〝恋愛成就の島〟に。なるほど、それを『○○○○（某大型ホテル）』はウリ

国土交通省の空中写真をもとに作成した渡鹿野島全景。たしかにハートの形をしている　© Country Picture Information (Color Aerial Photo)

にしている。この荒唐無稽に思える戦略について、彼女はどう見ているのか。

「ええんちゃうの。おこぼれをもらっとるわけやし」

「それでも、昔のようには潤ってないよね」

「そうやねぇ。でも、まあ、私らを買ってくれるかどうかは別として、お客さんは増えとるでね」

ミドリは口では納得しながらも、全面的には承服しがたいという表情で天を仰ぎ、タバコの煙をふかした。そして、「いいこと書いたってな」という彼女の言葉を受けて、僕が「いいことも悪いことも書くよ。売春がないと書いたら嘘になるから」と答えると、

「売春はしょうがない。でも叩くような記事はやめて欲しいな。やっぱりサミットでの批判記事が出てから、この島の人らも敏感になっとるでね。置屋さんは一生懸命がんばっとる。それで私らも生活できとるから」

と、言った。その言葉を額面通り受け止めれば、批判をするなと釘を刺したことになるのだろうが、僕には疲弊する島の現状を案じているように聞こえた。置屋も売春婦も、無辜の民ではないが、それを生活基盤にしている。だから、せめて、茶化すのだけはヤメて欲しい――。

なにげなく語られただけかもしれないが、その言葉は、僕の心に重くのしかかった。もちろん僕は忖度なく書くだけである。そんなことを頭の隅で考えながら、寝入りそうな彼女に言った。

「サメはいるの？」

答えなど求めていない。この時間が終わってしまうのが惜しく、突拍子もない質問で気を引こうとしただけだった。彼女は、そんな僕の目論見を見透かすがごとく、情緒たっぷりに煙に巻いた。

「サメはでんけど人魚はおるよ。万札をエサに糸を垂らすと人魚が食いつくんよ」

第八章

〝Kさんの嫁〟を訪ねて

僕には、〝売春島〟の全貌を探るうえで最後に、どうしても会わなければならない人がいた。他でもない、四国から移住した四人のうちの一人であり、この黎明期から現在までを知るこの島のキーマン、今も置屋商売を続ける〝Kさんの嫁〟である。

島外に自宅を構える〝Kさんの嫁〟は、夕方頃に船でこの島に毎日やってくるという。故に、夜、置屋に行けば確実に会えることは分かっていた。

が、元ヤクザである寒川さんにして「ガードが堅い」と言わしめる彼女が、おいそれと対応してくれるとは思えなかった。置屋には女のコもいる。そんな場所で深い話はできまい。たとえ面会はできても、すぐに追い返されるのがオチだろう。

そこで自宅に直撃することを企てた。寒川さんからおおよその場所だけは聞いていた。場所の特定を避けるため、詳細は省くが、志摩市内にある。

しかし、これだけでは範囲が広すぎて話にならない。そこで表札まで表示する住宅地図検索サービスを利用し、Kさんの名字がつく家屋を抽出し、地道に割り出すことにした。

その名字は複数あった。もちろん近隣住民への聞き込み取材で本人照合をしながら特定する。手間のかかる作業だが仕方あるまい。

まだ肌寒さが残る三月末日のことだ。ヒイ、フウ、ミイ……はじめは空振りばかりだったが、運よく六軒目で〝Kさんの嫁〟の自宅を突き止めることができた。

その二階建ての邸宅は、界隈ではひときわ目立つ立派なものだった。おそらく置屋商売で儲けてのことだろう。広い庭園や立派な門構えからもそのことが窺えた。

前述した寒川さんらの証言によれば、〝Kさんの嫁〟は一九六〇年代後半頃に高知から売春島に来たことになる。『つたや』の岡田さんとは違い、無理な事業の拡大などせず、それから今まで堅実に、ずっと置屋ひと筋でやってきた。

これまで告白してくれた女衒も置屋も、いずれも元であって現役ではない。そう、なぜ話してくれたのかを問えば、押し並べて「もう過去のことだから」と述べていた。既に利害が皆無に等しい状況だったからこそだったのだろう。そして、この先も売春島で商売するつもりがないからこそ、だろう。

そこにきて〝Kさんの嫁〟は、紛れなき現役だ。そうして売春産業に携わり生きている以上、僕の取材を受けるメリットなどないことは明白だろう。

しかし、すでに多くの関係者が亡くなっている以上、その遍歴を細部まで見ていたのはもう、彼女しかいない。さすればその〝聖域〟に飛び込むしか手立てはないのだ。顔すら知らない〝Kさんの嫁〟に話を聞くために。

　僕は、そう自分を奮い立たせながらインターフォンを押した。年齢は七〇代だと聞いていた。その年齢を感じさせないほど迫力ある大きな声。対応したのは〝Kさんの嫁〟、その本人だと直感した。

　僕は身分を伝え、「Kさんに渡鹿野のことを聞きたいと思い、失礼を承知で突然、訪問させていただいた次第です」と、取材の趣旨を説明した。彼女はこう言った。

「渡鹿野のことをなんで私に聞くの。あそこには観光協会の会長さんがおるやろ。その方にお聞きすれば」

「Kさんにお話を伺うのは難しいですかね」

「難しいとかじゃなくて、私はそこまでの配慮はありませんので。しかも、なぜアナタは私を名指しで来たわけ?」

「島の歴史を調べている過程でその昔、一九六〇年代後半頃、Kさんや岡田さんら四国出身の四人の移住者が置屋の始まりだと伺いました。そこで、今でも島で商売されているのはKさんだけだと分かりまして。その経緯だけでもお話しいただけないかと思いまして」

　そうして過去の報道や文献にない話を切り出すと、当初の門前払いに近い対応から、少し風向きが変わった。

「なんでそれを知っているの」

「色々な関係者の方にお話を聞いて…」

「ああ、それをネタにしようと思って」

「ネタというかですね、いま島が……」

話し終わらないうちに、それを遮るように言葉をかぶせた。

「うん、死んでいますわね」

「そうです。なので、潤っていた過去から行政や旅館組合によりクリーン化が押し進められてきました。そこで『消えゆく――』というテーマで良いことも悪いことも、島の歴史を全てまとめたいと思っているのです」

「もう島の歴史は死なしといた方がいいよ」

悪いことという響きに当惑し、苦笑いしているような抗弁だった。

「そのクリーン化に対しての本音も伺いたいのです」

「本音っていうのは……まあ、いいですよ。でも私の発言に付け加えたり、誇張したり、面白おかしく書いては駄目ですよ。旅館もアレ（売春）だけじゃなく、四苦八苦しながら客を呼び込む努力をしとるわけやから。旅館だけじゃなく、島の住民も商売しとる人も、それぞれの立場があるわけやから。まあ、昔のことやったら話してあげるから、入ってきて」

なぜ彼女は僕の取材を受ける気になったのだろうか。彼女の言う「面白おかしく」書かれないために話す気になったのだろうか。いずれにせよ、こうして対面することが許された。

〝Kさんの嫁〟は、勝手に思い描き、頭の中で膨らんでいた無骨な女将というイメージ通り、体も大きく、七四才だという実際の年齢より一〇ほど若く映った。

「違う、違う。みんな、それぞれ事情があって他県から来て、一生懸命努力して、立ち上がっていったという。基本はそれ」

僕が、「四人はみな一緒に移住してきたのか」と聞くと、彼女は完全に否定してみせた。そして続けた。

「みんなが四国出身じゃないよ。それぞれが人のツテや口コミで渡鹿野のことを知って、各々が現状を打破するために移住してきたんだと思う。四国というのは、私が四国やしそれに、岡田さんも四国やし。九州の人も多かったけど、私と岡田さん、その四国出身の二人が出世しているもんでそういう噂が広まったんじゃないですか」

「残りの二人も四国なのですか」

「一人は四国やけど、もう一人は九州の方」

「それでほとんど同時期だったが、四人一緒ではなかったんですね」

「バラバラ。一年ほどの間に四国の三人が移住した。そのなかで私が一九七一年、最初に島に来た。その九州の方は、私が来る前、既に島で働いとった」

「その当時は、今のようなスナック形式の置屋はあったのですか」

「旅館やお好み焼き屋さんなどの飲食店はありました。後は芸子置屋さんですね」

「売春置屋の歴史を分類すれば、以前の芸子置屋が第一期で、スナック形式の置屋が第二期の始まりだと思います。Kさんは一九七一年、移住してすぐにスナック置屋を始められたのですか」

「いやいや、一、二年は働いて、そのうちに岡田さんらが来て……という流れです。私が来る前から宴会にホステスさんを派遣する無店舗型の置屋があって、そこで私らは働いて。そして四人は、それぞれが苦労に苦労を重ねて置屋を立ち上げました。みんな、誰かに資金提供を受けたり、のっけから楽して始めたわけではないです」

「一九七一年当時、Kさんはおいくつでいらしたのですか」

「二六かな」

「若い頃から苦労を重ねて置屋を始められたんですね。そんな島の衰退した現状をどう思われますか」

「別に衰退しているのはそれでいいと思うんよ。私も歳やし、昔みたいにいい時代はもう来ないと思っているんで。去年のサミットしかり、もう一〇年、一五年ほど前から当局は、風俗はダメだということを観光協議会を通じて通達して。旅館も、風俗だけでは食べていけないということでツアー客などを呼び込む努力をし始めました。

それはもう、時代の流れだからしょうがない。（売春を）復活させようなんて気持ちは毛頭ありません。旅館さんも、女のコを増やして稼働させたいって想いもあるかも分からんけど、やっぱり時代が時代やもんで、今の若い人の遊びと島の遊びは違うやないですか」

「デリヘルなど風俗が多様化しましたからね」

「そうそう。そうして時代の流れで遊び方が変わったし、同時に私ら置屋経営者も高齢になってきたので、それをさておいて復活させようとか、そんな考えは全くないですね。もう少し若ければ『週刊誌に書いてお客が来るようにして』って言いたいけど」

「つまり、置屋をヤメようという考えはないにせよ、時代に合わせてひっそりとやっていこうという考えなのですね」

「そうそう。現状は静かにしとる方が、当局も『目を瞑る』と言ったら語弊があるかもしれんけど、事件に関わるようなこととか、そういうことが無い限りはある程度の……」

「お目こぼしが……」

「そんなことを言ったら怒られるかもしれんけど、完全になくなればみんなご飯が食べられんようになるじゃないですか。島民とて、やっぱり私たちが商売をしとってこそという考えもあるやろうし」

「商売をしていない人たちは、Kさんら置屋経営者に対してどういう見方なんですか」

「別にどうってことないよ。『女のコが少なくなったなぁ』ってだけよ。置屋がいいとか、アカンとか、そういうことは言わんな」

「最盛期はいつ頃でしたか」

「一九八一年頃かな」

「女のコは何人くらいいたんですか」

「週刊誌は二〇〇人、三〇〇人とか書くけどね、せいぜい五～六〇人。そうやって大げさに書くからウチらはマスコミを敬遠するんよね」

「それはKさんが来る前、芸子置屋の時代の方が女のコが多かったことはないんですよね」

「ない、ない。芸子置屋で働いていたコはね、渡鹿野の人じゃなくて、周囲の地域の人らが相手をしとったみたいやけど、売春防止法などで自然と淘汰されていったよね。だから、この島の歴史は長いけど、一時は全く女のコがおらん時代もあったと思いますよ」

「地元の方らが置屋商売を始めるケースはあったのですか」

「ないね。なかったけど、土地や家をもっている方から貸してもらったりなどの関係はあるよ。私らも、最初はそういう地権者にお願いをして借りて置屋を始めたわけやから。地元の人がアパートを建てて、それを置屋さんが女のコの寮として借りたりだとか。もちろん旅館さんにアルバイトに行ったり、そうした関係もあったよね」

「そうして置屋は、島民たちと一緒にこの島を作り上げてきたわけですね」

「そうそう」

「僕が初めてこの島に来たのは八年前でした。その頃は、まだ客引きのオバちゃんが寄ってくるなど少しは活気がありました」

「八年前ならまだちょっとは良かった頃やろね。そのオバちゃんらも亡くなっておらんようになってきて。だから静かな島になっているわけよ」

「客引きのオバちゃんは、かつての売春婦がやっていたと伺いました」

「置屋に所属して、ホステスさんとして宴会に行っとった人もおるよね」

「一九八一年、最盛期を体験したかったという想いがあります。いい時代に遊んでみたかったと。その頃はもう、通りで肩がぶつかるほど客が溢れていたと」

「それは本当よ。当時はまだヌード劇場（ストリップ）が二軒あったから、お客さんが団体で通りを歩いてそこを目指しとったから。当時はね、宴会だけの客もおれば、ヌード劇場だけで満足する人、もちろん置屋で遊ぶ人など様々な客がおったんよ」

「ある元置屋経営者などは、『つたや』の崩壊は〝Y藤〟という事件屋が原因だったと証言していますか。その〝Y藤〟を知っていますか」

「なんで〝Y藤〟のこと知っているの！」

急に声のトーンが上がった。Kさんの顔に一瞬、驚きの色が浮かんだ。

「そんなことまで知っているんか。まあ、ええわ。〝Y藤〟が『つたや』を崩壊させたというのは一理あるやろな。でも、島の衰退とは別問題やと思うよ」

「〝Y藤〟はどんな経緯で岡田さんに近づいたかご存知ですか」

「いや、そうした深いところは知らんわ」

本当に知らないといった口ぶりだった。彼女も〝Y藤〟の素性に興味があったようで、そして、「で、あの人はヤクザかな」

と、逆取材をかけてきた。

「違うと聞いています。でも、方々で経営コンサルタントを謳い仕事をする詐欺師だと」

「そうよ、詐欺師よ。だから岡田さんも上手いこと担がれたな」

「儲かっていた岡田さんに近づき……」

「儲かってはなかったと思う。ホテル経営は莫大な経費がかかるからな」

「一方、Kさんの旦那さまも島の人らにお金を貸していた。それを元手に商売を始めた人もいたと伺っています」

「うん。自分で商売したいという人に対して男気があったということやな。板前など腕がある人らの手助けをしたというのは、あったね。だから私が苦労したわけやんか」

「最初にKさん、その後に旦那さんが移住してきたのですか」

「うん。結婚はしていて、どんな島かも分からんし、その後に私の誘導で来たってことですよね。主人は、全く畑違いの堅い仕事をしていたから」

Kさんは、最後にもう一度、「面白おかしく書いてはいかんよ」と念を押した。ソレに対し、僕が「いいことも悪いことも、この島の歴史と現状をありのまま書くだけです」と、これまでの取材者たちと同様のスタンスを繰り返すと、「それは大いに書いてもらって結構」と言い、続けた。

「昔は十何軒ほどあった置屋が、今は二軒くらいしかないんやで。何回も言うけど、私たちも高齢になったから、これ以上のことを望んでする由もないし。置屋が潤えばホテルも渡し船の商売しとる人らも喜ぶやろうけど、そんな知ったことやないし。

だから私は、『今のままでいいわ』という想い。それに私は、クリーン化の流れに配慮して、家族連れが多い時分には店に行かないことにしているから。二日でも三日でも休んでいる状況やから」

これが本音なのだろう。少なくとも彼女に、疲弊した売春産業を復活させたい意向はなく、生きるために続けているだけで、このまま静かに暮らしたいのだ。
僕はそう見ている。だからこそ取材に応じてくれたのだと思っている。

第九章　消えゆく〝売春島〟

二〇一六年五月二六、二七日、〝売春島〟から目と鼻の先の賢島で、各国首相が一堂に会する伊勢志摩サミット（G7首脳会議）が開催された。

その前後から三重県内はサミット一色に染まっていた。会場となった賢島はもちろん、周辺ホテルはどこも満室。関連商品も飛ぶように売れ、まさにサミット様々の様相だった。しかも、その経済効果は落ちたにしろ、半年以上が過ぎた今なお続いているというから、その衝撃は凄まじかった。

だがサミットは、一方で着実に売春島の凋落をいっそう激しくさせた。開催日の数ヶ月前から警察官が島を巡回するなど警備を強化――。

それは売春産業の流れに、非常に大きな影響を与えるものだった。

「徐々に衰退していた島の景気が、さらにサミットで厳しくなりました。『買春したら警察にパクられるかも――』。そう警戒したのか、もう開催日の半年くらい前から客足が徐々に少なくなっていったのです。

また女のコも、サミットで忙しくなると期待していたが、客は来ない。すると、もちろん女のコにも生活があるから、よそで働く。それでも来てくれる客もいましたが、置屋の女のコも警戒していていなかったから、『なんや、来ても女のコおらへんやん』と落胆しますよね」

サミットが引き金となり、そうした悪循環がさらなる島の客離れを招いたと、目の前の寒川さんは言った。自分に累が及ばないか不安に苛まれ、みな蜘蛛の子を散らすようにこの島から距離を置いたのだという。二〇一七年三月初旬のことだ。

偶然の出会い以来、僕は電話と対面とで複数回、こうして取材を重ねていた。元置屋経営者であり、ヤクザでもあった寒川さんの証言は説得力に満ちていた。その寒川さんも、ビザ切れの外国人を雇っていたために、サミットの余波を見越して置屋商売から足を洗ったのは、前述のとおりだ。

「いま『どうや?』と聞くと『もう（置屋やろうなんて）考えん方がええよ』って。それだけサミットから一年近く経った今も売春目当ての客が戻ってきてないってことです。もちろん完全に消えることはないと思います。でも風前の灯火であることに変わりありません。それは、ヤクザが絡んでいない島の現状を見れば明らかでしょう。彼らは、何か金銭面で旨味がないと入ってきませんから」

組織はもちろん、ヤクザや女衒など個人にとっても旨味のある島ではなくなってしまった――。

〝Kさんの嫁〟は、ヤクザとの関わりについて次のように言っていた。

それは、寒川さんやA組などが暗躍したことを聞いていた僕からすれば、過去の清算であり、現状を正確に伝えて欲しいという悲痛な叫びのようにも聞こえた。

「あの島の良いところはね、ヤクザが絶対に潤わないところ。ヘンな輩が来れば、すぐに島民が警察に通報するから。だからね、ヤクザがみかじめ料を取ろうとしても、結局、当局の耳に入り『払ったらダメやぞ』とお達しが来るわけです。都会と違って、島で肩を振って歩こうとしても、すぐに排除されるだけのことで。つまりお金にならんから、そういう業界の人は、島には立ち止まらんわね」

そして、この島と自分の未来を、こう目算したのだった。

「これ以上は良くならないと思う。世の中の流れがグワンと変わって、またこの島を面白がってくれる人が増えれば別やろうけど。仮にそう好転しても、もう私らは杖をついて歩いとる頃やろうけどね」


諦めに似た愚痴というべきか、あるいは然もありなんというべきか。

もう二〇年以上も売春産業からの脱却をはかってきたが、なかなか結果が出せず、悪戦苦闘を強いられている。観光業の恩恵は、売春による実入りには遠く及ばない。どころか、そのわずかな富すら一部の大型ホテルに集中し、島民たちの不平不満が漏れ始めているのである、「やっぱり売春島の方がよかった」と。

これまで何度も触れてきたが、長年、この島が売春産業を軸に動いていたことは間違いない。語弊がある表現かもしれないが、ホテルも置屋も、飲食店も住民も一丸となって。ただし、こうした売春の繋がりは、あくまで利害関係に基づいたものだ。かつてはその売春で隆盛を極めたが、鉛筆を削るかのごとく徐々に先細り、景気は悪化した。もちろん結果はまだ出ていないかもしれないが、もはや売春だけで食べていける時代ではない。そうして多くがクリーン化の列に並び、今に至るのである。

ここに、一通の登記簿がある。『つたや』の岡田さんが所有していた『パラダイス』と『青い鳥』という売春島の土地、建物。それが二〇一二年一〇月五日、担保不動産競売により売却され所有権が移転している。

新たな所有者は愛知県に現住所を置く代々木雅彦さん（仮名）。前述のとおり、〝Y藤〟の毒牙にかかった岡田さんは、置屋をしていたこの物件を、三重県地方税管理回収機構により差し押さえられている。

二〇一七年四月、僕は愛知県内の某駅に向かっていた。そこで取材相手の男と合流し、ほど近いファミレスに入った。この物件を買った代々木さんと会うためだ。

当初は「売春島の物件を買うなんて」と、裏社会の人間かその類いだと身構えていたが、意外や意外、水道工事関係の仕事を軸としながら不動産賃貸業も手がける、一介の自営業者だった。

多くの廃墟と化した建物が並ぶ売春島だが、こうして物件を取得して新たに事業を始めようとする向きもいる。そんな現状を知るうえでも、是非とも会っておきたい人物だった。連絡を入れると男は取材を快諾し、その経緯を話してくれた。

「転売やリースでの儲けを見込み、競売で落札しました。価格は土地、建物、諸費用込みで二〇〇万円ほど。もちろん、この島が売春島なのは知っていました。そして、かつては夢の島と呼ばれるほど潤っていたことも。それで……まあ、驚くほど安かったので、よく調べもせず飛びついてしまったんです」

そんな昔のイメージのまま購入後に初めて島を訪れた代々木さんは、その惨状に愕然としたという。かつての繁栄はどこへやら、もはやおいしい猟場ではない。

男たちの〝桃源郷〟として栄えていたメインストリートは、煌煌とネオンを灯していた繁華街から歯抜けのシャッター通りへと変わっていった。

物件は、一階はスナックが二つ、二階は一〇部屋ほどあるアパート。その中身は夜逃げしたかのごとく備品や私物が散乱していた。

「それを整理するだけでも時間とお金がかかるので、現状引き渡しを条件に、月四万円の格安料金で賃貸募集をかけました。でも、誰も借り手は現れずいまだ塩漬け状態です」

実は二年程前、一人だけ「スナック経営をしたい」という男から連絡があったという。が、冷やかしだったのかそれも、途中で頓挫した。結果、固定資産税などの出費が嵩むばかりなのだ。

その翌日、僕は〝売春島〟へ向かう電車のなかで、代々木さんの好意の言葉を反芻していた。

「鍵を貸すからご覧になってください」

これから代々木さんが購入した物件、かの岡田さんが暗躍し、数多の好事家たちが女を買った置屋の中身が見られるのだ。

僕は、これまでにないほど高揚していた。夜逃げ状態で残された現場を見れば、当時の空気感がどうであったか、それを感じられると思ったからだ。

伊勢市内の賃貸業者の元に立ち寄り、件の鍵をピックアップ、売春島に降り立った。この取材を始めてもう、四回目の上陸になる。住民とも顔なじみになり、当初の不審者めいた眼差しから一変、会えば「また来たんですね」と声をかけられるまでになっていた。

その二階建ての物件は、界隈でひときわ目立つ洒落たものだ。まるで避暑地のペンションのごとく、壁一面が派手な色のペンキで塗られている。

一方で、近づき目を凝らすと、買い手が付かず長年放置されたままなことが現実のもの

置屋「青い鳥」の内部。ここを舞台に売春婦たちが斡旋されていた

となった。潮風が壁や鍵穴を蝕み、壁は亀裂が入ったりペンキが剥がれ落ちていたり、鍵を挿すと「ガタガタ」と音をたてるばかりで上手く噛み合わないのだった。

悪戦苦闘するばかりの一階の正面、スナック『パラダイス』の開閉をいったん諦め、脇に回って『青い鳥』の扉を開けた。こちらは潮風に晒されていなかったのか、すんなり開いた。

封印されていた置屋の全貌――。

一九七一年に四国から移り住み、一介の売春婦から置屋の経営者になり、ついには大型ホテルを建てるまでの栄光を掴んだ。この場所を拠点に、数多の女のコを従え、売春産業で儲け、贅の限りを尽くしていたのだ。

が、もうそこには岡田さんも、娼婦たちもいない。数人しか座れないほどの小さなカウンター席と、丸椅子が散乱しテーブル席の名残りが感じられるだけ。どう見ても、全盛期の面影は皆無だ。むろん、「外からママが誰と飲んでいるかと様子を窺っていた」という、旦那の芥川さんの姿も。

この島の顔役としてわが春を謳歌した偽装夫婦は、事件屋・〝Y藤〟と奇妙な三角関係を保ちながら、いつしか〝Y藤〟によりバランスを崩され、そして、置屋もホテルもすべて廃業へと追い込まれた。

ちなみに、『つたや』も同時期に仮差し押えの憂き目に遭い、二〇一六年一〇月、競売により神奈川県横浜市のKという男性に買われた。建設時は億単位のカネが動いたとされるこの大型ホテルも、その落札金額は、わずか五〇〇万円ほどだった。

ホテルは、この半年前ほどから改修工事が始まっていたが、いつしかそれも滞り、今は作業道具がそのまま放置されている状況だった。近隣住民に聞けば、ホテルが再開される話も、そのメドも漏れ伝わって来ないという。

そして、もうひとつこの島の凋落を色濃くさせる噂があった。置屋に踏み込む前にある飲食店に立ち寄ると、顔なじみになっていた店主がこう耳打ちしたのだ。

娼婦たちが暮らしていたアパートの一室

「○○○○旅館も閉めるらしいよ。理由は知らんけど」

後に○○○○旅館に確認すると、「そんな噂が出回っとるみたいですが……」と否定し、営業を続けるという。しかし、島民たちの間で閉店が噂されていたことは事実だった。

さる島民が補足する。

「まあ、最近はこんな景気の悪い話ばかりですよ。○○○○旅館の経営が苦しいらしい、次に閉まるのは○○○○や、と」

舞台を置屋に戻そう。

電気の通わない内部をスマホの照明機能で照らしながら二階に上がった。ここは娼婦たちが住んでいた貸しアパートだ。四畳

テレビや家具がそのままにされるなど、かつて娼婦たちが暮らしていた空気感が感じられる

半ほどの個室が一〇ほどある。

通常の置屋では自由恋愛の建前で売春が行われていたが、ここはその限りではない。『つたや』の場合、あくまでここは住居で、プレイルームは別にあったという。

布団一枚敷けば隙間がなくなるほどのそこには、娼婦たちの私物が散乱し、当時の生活ぶりがそのまま残されていた。本や雑誌、化粧品やドレス、装飾品など宴会時に着飾る品々……特筆すべきは、宴会や売春による実入りを日付ごとに記したノートも残されていたことだ。誰かに貢いでいたのだろう、金融機関の振込先が記された紙切れまであった。

前記した女衒の証言によれば、こうして娼婦たちは、日々、男たちに抱かれな

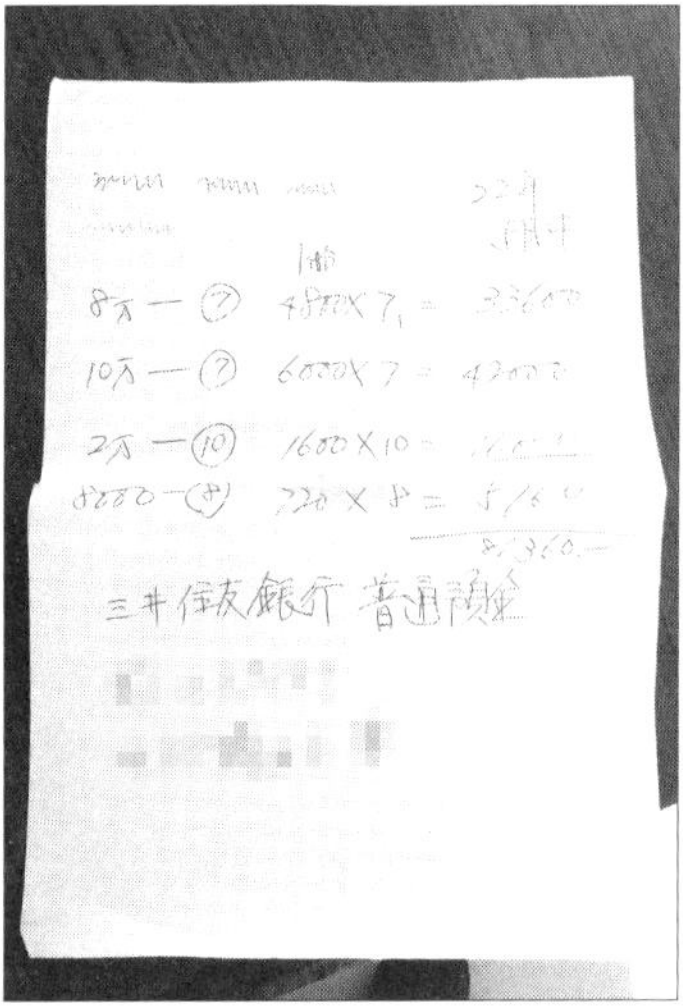
宴会や売春で手にするカネを記したメモ。男へ送金するためか、金融機関の振込先も書かれている

がら、誰かに送金していたことが証明されている。

閉ざされていた『パラダイス』へは、内から通じて潜入できた。ここは、表向きはスナックだが、中身はカジノに興じる賭博場だったと寒川さんは証言していた。言わずもがな、件の〝Y藤〟の仕事である。

が、裏カジノの代名詞であるバカラテーブルはどこにもない。あるのは、『青い鳥』を拡大させたテーブルや椅子の数々、スナックの備品だけだ。

訝しみながら歩を進めると、奥に一つの小窓を発見した。パチンコ屋の換金所のような、小さなものだった。

その小窓の横に扉があり、扉は奥の小部屋へと通じていた。驚くなかれ、そこにはレートが書かれたプレート、数台の無線機、監視用のモニターなどなど、バカラ関連の備品が散乱

「パラダイス」の奥で発見した、バカラのコントロール室。監視モニターや無線機、レートを記したプレートなどが残されていた

していたのだ。

　僕は、後に寒川さんに電話で確認した。バカラ台はなかったが、それを彷彿させる品々が残されていた、と。

「間違いないですよ。奥の小部屋はバカラの換金所。客が小窓からチップを差し出すと、奥からカネに換えてくれるシステムでした」

　無線は、モニターで監視しながら従業員と連絡をとるためだと予想した。画面で客の素性を確認、それを従業員に無線で知らせる連絡手段に使っていたのでは、と。そして、バカラ台がないのも不思議はない、と解説を続けた。

「裏カジノを閉めたあと、『パラダイス』はそのままスナックとして営業するため、バカラ台は既に閉めていた系列のホテル、『大島』に移動させたって聞いたからね。だから『大島』には、いまだバカラ台が残っているはずですよ」

この時間の止まった廃墟現場は、売春島の遍歴を僕の脳裏に投影した。まるでスライド・ショーのごとく――。

・私物が散乱した二階の住居からは、数多の好事家と売春婦がこの島を目指した、一九八〇年代初頭の最盛期。
・『パラダイス』からは、事件屋・〝Y藤〟が暗躍した二〇〇〇年代。
・『青い鳥』カウンター前からは、娼婦が客に買われるため整列し、笑顔を振りまいていたほんの数年前。

ホテルも旅館も、置屋もスナックも、女衒も客引きも、商店も飲食店も、当局も行政も、〝売春島〟に関わるすべての向きが一蓮托生の関係だった。それが〝売春島〟であった。
そうして、江戸時代から続く売春産業は、売春防止法により否応無しに排除されそうになりながらも、四国の女たちがスナック置屋として受け継ぎ、繁栄期を経て、時代の流れに呑み込まれ凋落がはじまった。

それは、カネを軸に保たれていた〝危ういバランス〟だったからに違いない。

一九九〇年頃から始まったクリーン化の流れは、一応は大多数が賛成するも、売春産業での恩恵には遠く及ぶべくもなく、さらなる疲弊を招いた。売春産業から足を洗った元置屋経営者たちだけでなく、結果を求める賛成派からも諦めに似た愚痴が聞こえ始めていたのである。

〝売春島〟――。その存在自体は決して認められるべきものではない。しかし一方で、島民たちの生活に根付いてきたことも間違いない。

夜九時、メインストリートの一角で、〝Kさんの嫁〟が経営する置屋の看板だけがその光を灯していた。僕には、窮状する〝売春島〟を投影するかのごとく、時おり明滅しているようにも見えた。

先の見えない観光地化の片隅で、この島の売春産業は今、司法の裁きを受けるまでもなく消えようとしている。

エピローグ

怪しげなネオンが消え、〝売春島〟は穏やかな朝を迎えていた。

船着き場では、暇を持て余した老人たちが何やら談笑している。この島に来て幾度となく目にした光景だ。

僕は船に乗って対岸に渡り、そこからタクシーで三ヶ所地区の船着き場を目指した。そこは、内陸との距離が二〇〇メートルほどと、〝売春島〟に最も近い地点だった。元置屋経営者の寒川さんに教えてもらった場所だ。彼は言っていた。

〈あそこからなら泳げるんちゃうかな〉

寂れた漁師町といった様相のここに、人の気配はなく、海は、一八才になったばかりのメグミが〝泳いで逃げた〟と告白した内容と同じ青黒い色をしていた。

メグミは、この海を命からがら泳いだ。

この距離なら僕でも泳げるかもしれない。そう思った。

※

「競売に入札する前に現地に赴き、そこで初めて売春の島だと知りました。値段は、売り出し当初は一〇〇〇万でしたが、買い手がつかず三回目の競売で、〝特売〟の五〇〇万ほどです。安い買い物なので、あとは売春をプラスと見るかマイナスと見るか。男は大概スケベなんだから、（売春が）無いよりは有った方がプラスだと判断しただけの話です。将来、転売することを見据えれば、それをセールストークとして使えますからね」

二〇一七年七月末、横浜某所。「つたや」の現所有者であるBさんは、競売で買った経緯をそうふりかえった。愛知県の代々木さんと同じく、Bさんは、バブル崩壊後に破綻した全国のリゾートホテルなどを購入して転売する不動産業者だった。僕が「渡鹿野島の件で……」と伝えると、突然の訪問にも関わらず、全てを理解したかのように自宅にあげてくれた。

代々木さんは、二〇〇万ほどで「パラダイス」と「青い鳥」を買ったが、買い手も借り手も現れず、ほとほと困り果てていた。そこで僕が「つたや」を買ったBさんの存在を伝えたところ、「『つたや』が再生されるなら『パラダイス』の箱を従業員宿舎などとして借りて欲しい」と、橋渡しを頼まれていたのだ。

「『つたや』は、ホテルとしての再生は考えていません。まあ、金持ち連中があぶく銭で楽しむような別荘でもいいかな、と。昨今は中国人の富裕層がそうしたリゾート物件を買い漁っていますから、熱海や箱根、伊豆などで保養所の売却を手がけて来た私からすれば、東京の中古マンションほどの値段なら楽に売却できると思っていたのです」

購入後は、ホテルとしての転売ではなく、自分の別荘として使いつつ、需要があれば企業の保養所や成金たちの別荘として転売を考えていたという。

しかし現状は、内装工事が滞っている。そこからは、当初の思惑どおりにいかない窮状が垣間見える。

内装工事を中断している理由について、Bさんはこう話した。

「今、三重県や志摩市役所から私の資産を差し押さえる旨の督促状がきています。内容は、競売での取得額が五〇〇万ほどのところ、実際の『つたや』の不動産評価額が一億四〇〇〇万ほどある。すると、国に払う名義変更をするための登録免許税が三〇〇万ほど、県に払う不動産取得税に至っては四五〇万ほど。そうして国が取って、県が取って、今度は市に払う固定資産税が毎年二八〇万ほどかかってしまうのです。裁判所の競売で取得した物件は、不動産鑑定士が現場を確認し、現状の評価額を鑑定して最低売却価格が決まります。そうしてプロがつけた評価額が、当初は一〇〇〇万ほどだったところ、買い手がつかず五〇〇万まで下がり、私が購入しました。そういう経緯があるので、今、不動産取得税は県に対して、固定資産税は市に対して、物件の評価額が高過ぎるという『審査請求』の異議申し立てを始めたところです。裁判所では五〇〇万なのに、実際の評価額が一億四〇〇〇万です。単純計算でも三〇倍もの開きがあるのはオカシイ、と。つまり不動産鑑定価格として裁判所が認めた額の方が実態では、と異議申し立てをしているのです」

裁判所が決めた評価額を無視して、県や市が紙切れ一枚を送りつけ、膨大な課税を迫るのは納得できないというBさん。「つたや」は、新築から既に三〇年ほど経ち、屋上は雨漏りすれば、エレベーターも動かない、お風呂場も使い物にならないなど著しく老朽化している。そうした不具合を直すだけでも三〇〇〇万以上かかるほど傷んでいるそうだ。

課税の対象は、法律に照らせば物件の毀損の程度が激しい場合は評価額を下げなくてはならない。「そうした毀損状態を把握して評価額を見直すことは最低限やってほしい」と、怒りを滲ませた。

しかし当局は、「下げる用意はない」の一点張りだという。そのため行政訴訟も辞さない構えでいるという。

僕は、売春島が凋落し、その後も復活の兆しが見えない一因には、風俗の多様化や時代の流れだけでなく、そうした行政上の歪みもあるのではと思った。

Bさんは言った。

「『つたや』のように競売でタダ同然で売り出されている物件は、地方都市のリゾート地の別荘やホテル、それに寂れた駅前に立つビジネスホテルばかりです。新潟の某駅前のビジネスホテルを例にすれば、新築時は一〇億円した物件が、たった二〇〇〇万で買える現実があります。それらがなぜ再生されないかと言えば、私が買った『つたや』のように評価額がバカ高いから。国と県と市がよってたかって、ただ所有者になっただけで莫大な課税をしてくるのです。そうして合法的にカネを毟れる現状があるからこそ、誰もそうした物件に手を出さない。もっと言えば、取得後の税金によりタダでも要らない物件ばかりなのです」

「仮に『つたや』のような渡鹿野島の廃墟ホテル群の納税額が安ければ、みんなが買い漁り復興するかもしれません」

「事例もあるんです。バブル期には全国にゴルフ場が乱立しました。用地を買収して建設工事をすれば、当時は一〇〇億、二〇〇億はゆうにかかりました。それは北海道や東北などもご多分に漏れず、そうしたあまり会員権が売れない地域にも出来た。バブル期のゴルフ場の会員権は、最低一〇〇〇万で売れたので、『それを五〇〇〇枚売れば五〇〇億だ』というどんぶり勘定の商売にこぞって群がったんですね。

　そうして日本に三〇〇〇ほどのゴルフコースができたんですが、そのほとんどが破産しました。会員権は預かり証で、得たカネは『預かり金』なので、本来ならプールしておかなくてはいけません。例えば会員権を三〇〇〇万で売れば、二七〇〇万の預かり証、つまり会員権を発行するのです。預かりなので税法上、税金はかかりません。そうしたシステムで運営していたはずなのに、建設費が一〇〇億も二〇〇億もかかっている。建設費は銀行借り入れをしつつ、借金は本来プール金である会員権の預かり金から賄う。つまり会員から預かったカネは債務として残ってしまったんです。

その預かり金を返さなくていい唯一の方法が、いちど破産をすることでした。だからバブル崩壊後、そうして経営難に陥ったゴルフ場はこぞってアコーディアに売って民事再生をしたんです。

そうして経営難に陥ったゴルフ場は、辺鄙な村に建設していたので土地の固定資産税は大したことありません。ところが会員権を売るためクラブハウスだけは豪華に取り繕う必要があり三〇億、五〇億とかけた物件だらけでした。するとクラブハウスの固定資産税は三〇〇〇万、五〇〇〇万規模になります。つまり建物の税金が高いので、一〇〇億、二〇〇億の物件が一億でも二億でも、誰も買わないという状況に陥ったのです。

それで一部のゴルフ事業者は、その村に寄付する戦略をとりました。タダで寄付する代わりに経営権を、期限付きで『安く貸してください』という約束を取り交わしたのです。そうした税金対策を、名だたる大手の事業者はみんなやりました。それにより、期限付きにせよ経営権はそのまま、固定資産税だけがなくなるわけです。また村は、税収がない代わりに資産を手にする。かつキャディや従業員などの雇用が生まれるわけで、断る理由はありません。そうしてウィンウィンの関係でゴルフ場経営を継続したケースも少なくないのです」

そして間髪入れず、こう続けた。

「だから私は、志摩市に『つたや』を寄付する提案もしています。そして、今の固定資産税の一〇分の一の値段で、期限付きでいいから貸して欲しい、と。そしたら『換金性がないから受け取れません』と言うのです。その換金性とは『価値』ということかと問えば、『そうです』と言う。そんな価値のない物件に一億四〇〇〇万もの不動産評価額をつけているから行政訴訟も辞さない構えでいます。

勝てる可能性は低いかもしれません。しかし、それを司法の場で判断してもらいたいのです。行政は、裁判所の評価額を否定しなければなりません。この訴訟は、価格の正しさが焦点で、つまり、これまでのように『違法性はない』の一点張りではいかないのでしょう。

これは、行政にとっても損な話ではありません。これを認めて、固定資産税が下がり島が復興すれば、後々の税収が見込めるわけですから」

コーヒーを飲み、Bさんと僕は一息ついた。

「島民の方たちとも話されたのですか？」

僕は聞いた。

「もちろん『つたや』の所有者として話しましたよ。競売記録から岡田雅子さんを追えば、伊勢市の老人ホームにたどり着き、ホームの所長から『昨年亡くなりました』と聞きました。そこで身内の方を知っているかと尋ねたところ、彼女の弟さんを紹介されました。

その弟さんからは、岡田雅子さんは変な男に騙されて身包みを剥がれ、最後は認知症になり、この老人ホームで亡くなられたと聞きました」

変な男とは、例の事件屋〝Y藤〟に違いない。

「『つたや』はバブルの頃、七億ほど注ぎ込んで建てたものらしいです。やはり離島に七階建てのホテルを造るとなれば、資材の運搬費が嵩むので、工事費が陸地の倍は必要でしょうからね。私のようなプロからすれば、それでも安くあげたんだろうと思います。一〇億でも不思議じゃないと思います。

岡田雅子さんが亡くなった後は、彼女の息子が後を継ごうと動いていたそうですが、器量はもちろん債権者との折り合いがつかず、結果、ダメになってしまった、という顛末も聞きました」

『つたや』の崩壊と、岡田雅子さんが患ったという認知症との因果関係は不明だが、つくづく、〝Y藤〟は罪深いと思う。

彼女の資産を食い散らし、さらには〝売春島〟の疲弊を招いた一因にもかかわらず、ひとりその場から行方をくらましたのだ。たとえそれが、売春で稼いだ黒いカネだとしても。

こうして所有者になり内情を知ったBさんは、この島の利権についても口にした。

「的矢地区など、内陸から島まで二〇〇メートルほどの地点があります。なのに、なぜ昭和の景気の良い頃に橋をかけなかったのか。それは漁協の利権だからに他なりません。ガスでもゴミ捨てでも、渡船を使うインフラは全て漁協を通さないと利権が無くなってしまうからです」

つまり助成金を含めた生活圏の利権を漁協組合が握っている。さらに某大型ホテルが主導する『ハートアイランド』計画しかり、空き家対策しかり、民間事業者が個別でやるのには限界がある。すべてはバカ高い固定資産税に行き着いてしまう。島が活性化されなければ、その利権さえも先細る一方だ。〝売春島〟の窮状は続く。

行政は、消費者金融の〝過払い金〟請求のような現状をやめて、いま一度凋落したこの島の不動産評価額を見直す時期なのかもしれない。

とはいえ、ひとたび行政訴訟が認められ、固定資産税が下がれば、それを知った他のオーナーたちも右に倣えで行政訴訟を起こすだろう。それを恐れて評価額を下げられないという行政側の事情もあるのだろう。

最後にBさんが言った言葉が、胸をえぐる。

「そんなことより、（たとえ売春産業であっても）一つの地方リゾートが復興し、住民たちが安定した暮らしができる方が大事なのでは」

了

文庫版あとがき

二〇一七年に『売春島「最後の桃源郷」渡鹿野島ルポ』を出版すると、本書を手にした方々から様々な反響が寄せられた。

その一つは、友人の報道局ディレクターからの次のような指摘だった。「第四章〝売春島〟を作った四人のオンナと行政の思惑」に登場する、渡鹿野島を訪れ、風光明媚なこの島を気に入り、当時の渡鹿野青年団が別荘を造ったという日本の初代ハリウッド俳優・上山草人《かみやまそうじん》に関するものである。

「上山草人は私の母方の親戚で、身内ではずっと『ハリウッド初の日本人俳優』と伝え聞いていました。でも、学生時代に改めて功績を調べたら違っていたんです」

こうした友人の異議により、改めて上山草人の経歴を調べると、彼は一九一九年に渡米。それより先に早川雪洲《はやかわせつしゅう》が一九〇七年に単身渡米し、その数年後にハリウッドで映画デビューしていることが分かった。上山草人が渡米した一九一九年には、既に早川雪洲はスター役者として活躍していたことからも、日本初のハリウッド俳優は早川雪洲だったのだ。

※

他の質問として、「第五章　元置屋経営者の告白」に記した、売春島の大型ホテル「つたや」のママ・岡田雅子さんに近づき、ママの財産を根こそぎ奪った事件屋・Y藤に関するものが多く寄せられた。Y藤とは何者か？　いまY藤はどうしているのか？　その素性や現状についてのものだ。

このY藤については、本書執筆時には追いきれなかったこともあり、僕自身も消化不良のまま筆を置いた。そんな経緯があった。

本書を文庫化するにあたり、接触できた売春島の関係者から聞いたY藤の本名を頼りに、改めて彼のことを追った。そしてツテを辿り、ついにY藤の過去を知るキーマン、前妻・大崎咲子（仮名、49）さんに話を聞くことができた。

「二〇一七年一二月、Y藤は癌で病死しました。詳しくは知りませんが、亡くなる前の数年間は体調が悪く、その異変に気付いたときにはもう、手遅れだったそうです。私はそのことを、京都に住む本妻さんが依頼した弁護士さんを通じ、その関係者から聞きました。本妻さんは、彼の死による相続問題でその関係者に接触してきたのです。だから本妻さんは、彼が亡くなるまで私の存在を知らなかったんだと思います」

二〇一九年一〇月末、Y藤と婚姻関係にあった大崎さんは、事件屋の男が既に他界した経緯をこう話した。享年六四だった。突然、接触してきたにも関わらず大崎さんは、匿名など制約付きではあるものの、Y藤の過去を明け透けに話してくれた。それは、僕と大崎さんには、ふたりにしか分からない共通言語があったからだと思う。実は大崎さんも相続問題に関連して僕同様、Y藤の過去を調べている最中だったのだ。

Y藤は一九五三年、兵庫県西宮市の高級住宅街で生まれる。家柄が良く、厳格な両親の元で育った。叔父は本を出版するなど有名で、姉も関西では有名な大学の客員教授をしている。そして同志社大学を卒業し、大手電機メーカーの金融系子会社に就職。二〇代後半には神戸の支店長を任された。人が羨むほどのスピード出世だった。

「彼とは三三年前のバブル全盛期、私がまだ一七才、高校生だった頃に知り合いました。彼は兵庫県のゴルフ用品の販売会社の実質的経営者で、私はそこで商品を包装するアルバイトとして採用されたのです。彼はまだ三〇代前半でした」

年がひと回り以上も離れたY藤に対し、当時は恋愛感情など微塵もなかったという。二〇才になった大崎さんは、当時〝社長〟と呼んでいたY藤とアルバイト仲間たちと食事に行った。Y藤は頭がよく、話術に長けていた。大崎さんたちを気遣い、場を盛り上げる。そんなY藤の大人な対応に惚れた。

「人たらしではありましたね。人懐っこい、というか。いまになって思うんですが、悪い人ではあるんでしょうけど、やっぱり憎めないというか」

そして数ヶ月後、二〇才でスピード結婚。その際、Y藤から思いもよらぬ過去を打ち明けられた。

「私が兵庫県のその会社で知り合ったとき、彼は逃亡してる感じだったんですね。私はそれを、籍を入れるときに初めて聞かされました。神戸の次に任された大阪支店長時代に、暴力団関係者に騙されるような形で横領に加担し、会社に対する背任行為をしたとして大阪府警から全国指名手配された。それで会社を辞め、逃げるようにして私の地元の兵庫県に身を隠していたのです。

籍を入れても指名手配中なので当然、一緒には住めません。なので、彼とはずっと、たまに実家暮らしの私の元に会いに帰ってくる、というような生活が続きました」

親にはY藤の素性を話せない。いわゆる禁断の愛だった。

「彼はゴルフ用品店の他に不動産の仕事も始めていたので、両親には『土地の購入などで出張が多い』と説明していました。もちろん指名手配犯と結婚したなどと言えるわけもなく。半年に一回くらいのスパンで大阪府警が私のところに『情報はないでしょうか』と聞きにきていました。もちろん私はずっと知らぬ存ぜぬ、で。彼は、ほぼ毎日帰ってくることもあれば、一ヶ月ほど帰ってこないことも。そんな生活でした。

その時効が七年。彼が三〇代半ばのときに時効が成立し、『やっと喪が明けた』と言っていたことをいまも覚えています。

結婚する直前くらいから不動産ブローカーというか、地面師的な仕事もしていたんだと思います。それを知ったのは、結婚した直後のことです。本人の口からではなく、なんとなく……。私の父親が不動産関係の仕事をしていたので、地面師や不動産ブローカーの知識が多少、あったんですね。それで彼の動きと自分の知識を重ね合わせ、『なんか、そうじゃないのか』と。それで一度、彼に聞きました。すると彼は『そういうことを口に出すもんじゃない』と一喝。それを私は『察してくれよ』と言っていると理解したのです。

彼の不動産ブローカー的な動きは、私が知る限りでは鹿児島、和歌山、奈良……仕事で行ってくるということで、仕事が終わる度にお金の束（一〇〇〇万円）を二つ、三つと持って帰ってきたり、小切手や手形だったり、彼から預かっていた通帳に数千万単位のお金が振り込まれたりしていましたから」

彼女の証言は、Y藤が「和歌山・勝浦のホテル売買で暗躍していた」という元置屋経営者・寒川さんの証言と一致する。大崎さんは続ける。

「時効が近づくにつれ、彼が帰ってくるまでのスパンが長くなってきました。これは予想ですが、地面師的な仕事で地方を訪れ、その先々でオンナを作って、そこで暮らしていたのでしょう。それで私は『もういいかな』という心持ちになり、二七才、時効から三年後に離婚しました。以降の連絡は彼が今の本妻さんと結婚する数年後に途絶えましたが、結婚時と変わらず、ずっと生活費（月に三〇万ほど）が振り込まれる生活が続きました。その生活費も、本妻さんと結婚した直後くらいに、私が『もういいです』と切り出したことを機に途絶えました。以降、彼からの連絡は一切ありませんし、私から連絡することもありませんでした」

「元奥様から見て、Y藤さんはどういう方だったんですか？」

「うーん、彼は苦労した……そうだとは思いますよ。そのまま勤め人だったら、ヤクザに騙されなければきっと、もっと出世もしただろうし。なにせ支店長をやっていたのが三〇代手前からですから。なので、かなりのスピード出世だったんですね。指名手配のことを打ち明けてくれたときも、芝居だったのかもしれませんが涙を浮かべていたし。そういう姿を私は見てますから」

「元々は悪い人、騙す側の人ではなかった」

「私は……そう思いますけどね。だからできる限り私への責任を取ろうと生活費を振り込んでくれていたと思うんですね。最初のきっかけはヤクザに騙されてのことですからね。『悔しい……』と零していたことも聞いたことがあるんで。『アイツらに騙されんかったら……』ともちろん更生する道もあるが、Y藤は地面師や不動産ブローカーといった騙す側に回ってしまった。

「指名手配されて逃げると決めたとき、『そういう風な生き方しかできひんやろな』と。だから、その間は偽名で過ごさないかんし、病院にも行けない。もちろん免許も失効してしまう。つまり、マトモな社会生活は送れないじゃないですか。だから当時は、Y藤ではなく山田と偽名を使っていました。Y藤という名前も、本妻さんと結婚する際に改名しているんです。兵庫県から京都に移る際、戸籍を抹消するために」

その後、Y藤は〝売春島〟に渡った。既に時効は成立していた。それでも悪事は続いた。

「三重の〝売春島〟の件を知ったのは……」

「彼が亡くなってからです。相続問題で関係者とやりとりをするなか、Y藤さんは渡鹿野島の件にも絡んでいるんじゃないですか、という感じで……」

〝売春島〟でY藤は「京都で喫茶店を経営している」と吹聴していた。それは事実なのか。

「それは……多分ですが、本妻さんがされていたことを言っていたんじゃないでしょうか。事実、本妻さんは京都で喫茶店をされているので」

「本妻さんと結婚されたのは?」

「二〇年ほど前だと思いますよ。私と離婚して数年後には再婚しているんです」

Y藤の身長は一六八センチ。それでも恰幅が良く、小柄には見えない。島では強面の男として知られていたが、大崎さんの記憶では「普通の営業マン風だった」という。

「お上品な感じやったんですけどね。やっぱり悪いことしてると風貌も変わってきたんですかね。自分を強く見せるためでもあったのかな、と。

憎めない人だったと思いますよ。だから高木さんの本に出てくる「つたや」のママもコロっと騙されたんだと思います。私の母も姉も、私が二〇才で結婚して、数年で別れないといけない状態にさせられたなんて、本当なら憎いじゃないですか。でも、それが母も姉も『憎めない人やから』と。それは……、彼が私の実家で生活している姿を見てでしょうね。親を立ててるし、私にも偉そうな態度は取らないし。もちろん父親は亡くなる最後まで憎んでいましたけど」

地面師や不動産ブローカーと言えば、ヤクザをバックに仕事をする共生者の側面がある。Y藤にヤクザ関係の影はなかったのか。

「彼はヤクザを本当に嫌っていました。自分が会社を追われる原因にもなったので。『ヤクザなんかクズや』『最低な人間や』『ヤクザには絶対に関わってはいかん』。そこまで彼は言っていたので、私は彼がヤクザと仕事をするとか、ましてや組に属すなんてことはしないと思うんですけどね」

そしてヤクザを騙してやろう、騙されたヤクザにリベンジしてやろう。そんな気持ちが不動産ブローカーという仕事に向かわせた……。

「そういう気持ちは持ってたと思います。指名手配が彼にとって大きな傷になっていたようなので」

ヤクザによって人生を狂わされた、Y藤。だからこそ〝売春島〟でヤクザの息がかかる大型ホテル「つたや」を狙った――。

※

〝売春島〟のホテル「大島」を舞台にしたリゾートホテル会員権の詐欺で再び指名手配になったY藤は、島から消えた。本名を頼りにその後の足取りを辿ると、業界では有名な地面師物件「湖雲寺《こうんじ》」に行き着いた。そう、Y藤はこの湖雲寺物件の重要人物として登場していたのだ。東京・六本木に約一二〇〇坪もの広い土地を所有していた、湖雲寺。資産価値は、当時のカネで一〇〇億を超える。かつては商業ビルBやRマンションが建っていたが、来たる二〇二〇年の東京オリンピックでのホテル需要を見据え、それら全てを「六本木四丁目計画」として地上げし、最終的には香港の高級ホテルチェーン「ランガム」ができる、ハズだった。

湖雲寺の土地は二〇〇六年頃、P社などが商業ビルBの一室を占有し、同時に京都の不動産会社BRが地上権を設定したあたりから周辺ビルを含め土地や建物の転売が繰り返されていく。湖雲寺地上げは、湖雲寺と隣接ビル地上げと一緒でなければ、価値増大は見込めないためだ。

そして京都の不動産会社Kが商業ビルBを買うと、今度はその商業ビルBについていた大手銀行の第一抵当権を大阪の激安スーパーチェーンで知られるR社が購入。R社は建物を競売にかけ物件をガタつかせておいて、後に競売を取り下げて関西では有名なM社に任意売却。これは土地転がしに長けたブローカーがよく使う手口だ。そしてM社は湖雲寺の土地についてもL社を通じて取得し、それら全てを村上ファンドの別働隊ともされている不動産投資関連上場企業Aに売却。湖雲寺という曰く付きの優良物件は、こうしてキレイになり、また上場企業のお墨付きができたことで首尾よくランガムに売却された。その間、残る湖雲寺の土地は約三〇坪の墓地だけになり、二〇一五年には破産手続きが開始されている。債務額は四四億円にものぼっていた。

いったい、何があったのか。湖雲寺物件に詳しい司法書士が内情を話す。

「そうした建物の地上げとは別に、土地については地権者である湖雲寺の坊主Tを溶かすことから始まりました。資格がないと寺に潜り込めないため、僧籍がある大久保の事件屋Sが近づき、Tを借金まみれにする。Tは若いニーちゃんだから、銀座や赤坂の飲み屋に連れ回し若いネーちゃんをあてがえば、簡単に溶けた。そして寺は任意売買が難しいから、競売で買う。それを企画して実行したのが、二〇〇六年に地上権を設定した京都の不動産会社BR関連の、海千山千の不動産ブローカーたちです。

見込みが出てくると、近隣ビルの地上げに入ります。占有して、競売で美味しい思いをしたい。それが、大物地面師Iや京都の不動産会社Kのダミー会社の仕事でした」

まず湖雲寺の坊主を溶かす。事件師は、事件の途中で金を掬うことが目的で、売却利益がでればラッキー程度。通常のビジネスモデル前提で考えてはダメだ。地面師仕事の途中に金融を紹介しカネを動かし稼ぐ。そして競売でカネにする。手口は賃借権を高く売る〝占有〟などだ。その後に上場企業を噛ませロンダリングし、外資に売る。前出の司法書士が続ける。

「ところが、墓場は簡単に排除できません。工事すれば遺骨がガンガン出て、その遺骨を排除するには本山の許可が必要になるからです。それで湖雲寺の総本山・曹洞宗からクレームが入り、一時期工事は中断されました」

湖雲寺に乗り込んだ事件屋Sは、路上で暴行され、入院。現在は行方不明だという。湖雲寺の地上げを巡り数百億のカネが塩漬けになっているというから、ひと一人が失踪しても不思議はないだろう。

フリージャーナリストの一ノ宮美成氏によれば、現場を取材し工事関係者に聞くと、「既にお墓は撤去されている」とのことだ。しかし、未着工のまま。理由は、「転売に際し、『曹洞宗の代表役員の認証を必要とする』という条件が満たされないまま転売され、曹洞宗の許可が得られていないから」だという。

登記によれば、ある時期、わずか二ヶ月間だけ事件屋Sが湖雲寺の代表になっていた。前出の司法書士は、「遺骨の撤去をめぐり代表権を得た事件屋Sが念書を書くなどして暗躍したのでは」と読み解く。

そして、Y藤。実は商業ビルBを地上げした京都の不動産会社Kの、その代表者として名前が出てくる。ばかりか、売却に前後してその立退き料目的で商業ビルBの一室を占有した、〝売春島〟に支店があったP社の代表も、Y藤だ。

これがY藤の最後の仕事だったに違いない。なにせ数百億のカネが動く巨大プロジェクトだ。湖雲寺地上げに絡んだ中間業社たちは、Y藤しかり、相当のカネを得たことだろう。そして割りを食ったのは、湖雲寺の坊主Tと最後にババを摑まされたランガムだ。

司法書士は言う。

「こうしたスキームを考えるヤツのことを、業界では〝大絵図師〟と呼ぶ。Y藤は、大物地面師Iと同じ大絵図師のひとりだった、ということだ」

Y藤が湖雲寺地上げの中心人物だったことは、間違いない。そしてここでも、売春島でつたやの岡田雅子さんの財産を根こそぎ奪ったものと同様の手口が使われたのだ。

※

最後に売春島の現状についても、付記したい。

久しぶりに連絡したミドリ（仮名）は、既に娼婦を辞め、一般職に就いていた。約一年前まで渡鹿野島で客を取っていた、「第七章　島民たちの本音」で話を聞かせてくれた女性だ。

「あの後ね、『高木さんの本を読んだ』というお客さんも来てくれました。だから直後は、週末になれば必ず宴会に呼ばれるくらい賑わってたんですよ。でも、その特需が終わるとどんどんヒマになっちゃって、私も、他の女のコも辞めちゃいました。いまは旅館が一つ、それにスナックと居酒屋も一つずつ閉まって。置屋も、やってる日とやってない日があるくらいで。なんせ、お客さんがいないから……」

娼婦は徐々に減り、いまや日本人が二人とタイ人が二人の、計四人。島に住んでいるのはタイ人ひとりだけで、残る三人は仕事に応じて通いで来ている。売春目的の客が来ることもあるが女のコが少ないため需要に応えることができず、置屋は負の連鎖に陥っているらしい。

「でも、一般のお客さんは増えてもないけど、減ってもない。つまり、相変わらず〇〇〇〇（某大型ホテル）さんのひとり勝ち状態ですね」

売春島は、さらに疲弊しているそうだ。

それでもKさんの嫁が切り盛りする店舗型の置屋と、その妹さんの派遣型の置屋は現存している。

「あと、高木さんに伝えたいことがあった。前の取材の後に置屋のママに聞いたら、やっぱり〝泳いで逃げたコ〟がひとり、いたって」

それはメグミか、人身売買ブローカーが言っていた二一才かは分からないが、あの海に飛び込んだオンナは確実にいた――。

二〇一九年一二月　高木瑞穂

著者略歴
高木瑞穂（たかぎ・みずほ）
ノンフィクションライター。月刊誌編集長、週刊誌記者などを経てフリーに。主に社会・風俗の犯罪事件を取材・執筆。著書に『黒い賠償　賠償総額9兆円の渦中で逮捕された男』（彩図社）、『裏オプJKビジネスを天国と呼ぶ“女子高生”12人の生告白』（大洋図書）など。

著者 Twitter：https://twitter.com/takagimizuho2

写真資料提供（一部）：「俺の旅」「実話ナックルズ」

売春島《ばいしゅんじま》
「最後の桃源郷」渡鹿野島ルポ

2020年1月 9 日第1刷
2020年10月 14 日第11刷

著　者　　高木瑞穂

発行人　　山田有司

発行所　　株式会社　彩図社
東京都豊島区南大塚3-24-4
MTビル　〒170-0005
TEL：03-5985-8213　FAX：03-5985-8224

印刷所　　新灯印刷株式会社

URL：https://www.saiz.co.jp
https://twitter.com/saiz_sha

ISBN978-4-8013-0420-8 C0136
本書は2017年9月に発行した同名の書籍を加筆・修正の上、文庫化したものです。